달콤한 문해력
초등 문법

쓰면서 익히는 국어 문법

5
단계

문해력은 글을 읽고 해석하는 능력을 뜻해요.

단순히 글자를 읽는 것이 아니라 글 안에 들어 있는 의미까지 파악하는 것이지요.

문해력이 있다는 것은 무엇으로 알 수 있을까요?

자신이 이해하고 파악한 내용을 말이나 글로써 나타낼 때 알 수 있게 되어요.

이때 바탕이 되는 것이 바로 맞춤법과 문법이에요.

우리말인 국어에서 맞춤법이나 문법을 알지 못한다면 어떤 일이 생길까요?

말하고자 하는 바를 제대로 나타낼 수 없게 되어요.

맞춤법이나 문법에 어긋나는 말이나 글로는 제대로 된 소통이 이뤄질 수 없으니까요.

맞춤법과 문법이 갖춰져야 문해력을 완성할 수 있답니다.

『달콤한 문해력 초등 문법』은 여러분이 문해력을 완성할 수 있도록 도와줄 거예요.

어렵게만 느껴지는 문법을 그림과 흥미로운 소재의 글을 통해 **재미있게 학습**할 수 있고,

학년별 눈높이에 딱 맞춘 구성으로 **문법 실력을 차근차근 키워** 갈 수 있답니다.

자, 그럼 이제 『달콤한 문해력 초등 문법』을 시작해 볼까요?

WHY 왜 국어 문법이 중요할까요?

문법

문법이란?

국어사전에는 '말의 구성 및 운용상의 규칙.'이라고 실려 있어요. 우리말을 다루고 쓰는 규칙인 문법은 언어생활과 밀접하게 관련이 있어요. 평소에 듣고 말하고 쓰는 것을 문법에 맞게 사용하여야 자신의 생각을 정확하게 전달하고 의사소통을 원활하게 할 수 있답니다. 문법에 맞춘 문장을 만들어 내는 능력은 타인과 정확하게 교류할 수 있는 힘이 됩니다.

문법 | 말의 구성 및 운용상의 규칙 → 일상생활 →
• 자신의 생각을 정확하게 전달
• 다른 사람과의 의사소통

바르고 정확한 언어 습관은 모든 공부의 기본

모든 수업 시간에 말하기와 글쓰기 활동이 포함되어 있고, 특히 수행평가 대부분이 글쓰기로 이루어져요. 이때 문법에 맞게 말하고, 글을 써야 듣는 이나 읽는 이가 쉽게 이해할 수 있어요. 국어 문법은 초등학교 때 배우는 내용이 중학교 고등학교로 계속 이어지기 때문에 처음에 확실히 공부해 두면 이후의 공부에도 큰 도움이 되어요.

문해력

문해력 향상에도 꼭 필요한 문법

문해력을 키우기 위해서는 좋은 책을 읽고, 스스로 글을 써 봐야 해요. 즉 좋은 책을 읽으며 지식을 쌓고, 자신이 알고 있는 것과 그에 대한 자신의 생각을 알맞게 표현하는 활동을 통해 문해력이 자라나요. 우리가 평소에 쓰는 단어가 어떻게 만들어졌는지, 우리가 읽고 쓰는 문장이 어떤 구조로 이루어졌는지, 우리말 표기와 발음은 왜 달라지는지 등의 문법을 잘 익히면, 글을 읽거나 쓸 때 언어의 구조를 보다 명확히 파악할 수 있어요. 그리고 이것은 독해력과 작문 능력의 향상으로 이어집니다.

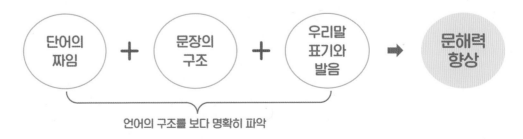

단어의 짜임 + 문장의 구조 + 우리말 표기와 발음 → 문해력 향상

언어의 구조를 보다 명확히 파악

HOW 어떻게 국어 문법을 익히면 될까요?

1 단어 구조 이해하기	문법은 단어를 통해 문장을 구성할 수 있도록 해 주는 장치입니다. 맞춤법이 바르고 의미를 정확하게 전달하는 문장을 쓰려면 문법을 이해하는 것이 중요합니다. 무조건 외우려 하기보다는 그 원리를 이해하면 기억에 더 오래 남습니다. 실제 문장에 적용하며 차근차근 문법 개념을 이해해 보세요.
2 문장 성분과 품사 이해하기	
3 문장 표현과 문장의 짜임 이해하기	
4 발음과 표기 이해하기	

『달곰한 문해력 초등 문법 – 쓰면서 익히는 국어 문법』은

초등학교 고학년 필수 문법 학습의 기준입니다.

『달곰한 문해력 초등 문법 – 쓰면서 익히는 국어 문법』은 5, 6학년 및 예비 중학교 학생들에게 필수적인 문법 학습을 제공합니다. 각 학년당 네 개의 주제 아래 총 20개의 필수 문법을 선정하였습니다. 문법 개념이 녹아 있는 문장을 필사하며 배울 내용을 알아보고, 다양한 예문과 그림으로 문법 개념을 익힙니다. 그리고 짧은 문장을 통해 문법 요소를 확인하고, 글을 읽고 짧은 문장을 직접 써 보는 활동을 통해 문법을 완벽하게 익힐 수 있습니다.

문법 개념 익히기

짧은 문장 필사하기	**문법 개념** 개념 익히기	**문법 개념** 짧은 문장으로 쓰기	**짧은 글** 바른 문장 쓰기

필사 하기 문법 개념 확인하며 글 필사하기

이 책을 감수해 주신
선생님의 한 마디

감수 **서혁 교수님**
이화여자대학교
국어교육과 교수

일상생활은 물론 교과 학습을 이끌어 가는 필수적 선택,
『달곰한 문해력 초등 문법』

문해력은 일상생활은 물론 교과 학습을 이끌어 가는 필수적인 능력입니다. 문해력의 기초를 다지기 위해서는 어휘력을 기반으로 하면서도 언어에 대한 체계적인 지식과 함께 그 사용의 규칙과 원리를 잘 이해해야 합니다. 이러한 맥락에서 『달곰한 문해력 초등 문법』 시리즈는 문법 교육을 단순한 규칙 암기가 아닌, 문해력 향상을 위한 핵심 전략으로 재구성한 교재입니다. 이 시리즈는 『달곰한 문해력 어휘』, 『달곰한 문해력 기본서』, 『달곰한 문해력 독해』의 과정을 거치며 사고력과 표현력을 길러 온 학생들이, 자신의 생각을 정확하고 논리적으로 전달할 수 있도록 문법적 토대를 마련하는 것을 목표로 합니다.

객관식 문항에 의존하지 않고, 쓰기 중심 학습을 통해 문법 지식을 내면화하도록 설계한 점은 본 교재의 중요한 특징입니다. 또한 초등 1~2학년 수준의 맞춤법 및 받아쓰기부터, 초등 고학년은 물론 중학생들에게도 유용한 교과서 기반 문법을 체계화하여 단계적으로 제시함으로써 학습 연속성과 학습자의 성장 과정을 체계적으로 고려했습니다.

문법을 통해 사고를 조직하고 표현하는 능력을 길러야 한다는 시대적 요구에 부응하는 이 교재는, 학습자들의 문해력 기반을 다지는 데 필수적인 문법 내용들을 간명하게 정선하고 체계화했다는 점에서 학생들에게 큰 도움이 될 것입니다.

이 책의
구성과 특징

❶ 필사하며 익히기

학습할 문법 요소가 들어간 좋은 문장을 따라 쓰면서 학습할 문법을 미리 알아봐요.

❷ 문법 개념 익히기

문법 개념을 다양한 예문과 그림, 도표를 활용하여 학습해요.

❸ 개념 확인

문법 개념을 이해했는지 간단한 퀴즈를 통해 확인해요.

❹ 쉬운 문장 쓰기

문법을 활용하여 짧은 문장, 쉬운 문장으로 써 봐요.

❺ 바른 문장 쓰기

문법이 적용된 다양한 주제의 글을 읽어 보고, 바른 문장을 쓰면서 문법을 익혀요.

❻ 생각 쓰기

배운 문법을 적용하여 자신의 생각을 담은 짧은 글을 써 봐요.

❼ 정답 및 해설

학습에 도움이 되는 문법 설명을 통해 자신의 문법 지식을 확인해요.

08 문장의 부속 성분 알기

✎ 필사하며 익

> 님은 갔습니다.
> 아아 사랑하는 나의 님은 갔습니다.
> ➡ '사랑하는', '나의'는 관형어

> 하늘이 참 예쁜 날.
> 길게 뻗은 구름이
> 달콤한 솜사탕으로 보이는
> 하늘이 참 예쁜 날.
> ➡ '참', '길게'는 부사어, '달

문법 개념 익히기

[1~3] 다음 문장에 드러난 부속 성분과 그 부속 성분이 꾸며 주는 대상을 찾아 쓰세요.

1
> 어머니께서 새 옷을 주셨다.

(1) 부속 성분: (   )
(2) 꾸며 주는 대상: (   )

2
> 정연이가 빠르게 달렸다.

(1) 부속 성분: (   )
(2) 꾸며 주는 대상: (   )

3
> 예쁜 꽃이 피었다.

(1) 부속 성분: (   )
(2) 꾸며 주는 대상: (   )

[4~5] 다음 문장의 빈칸에 들어갈 알맞은 부속 성분을 보기에서 찾아 쓰세요.

4

보기	파란	춤추는	깨끗하게	하늘에서

➡ 갑자기 _____ 비가 쏟아졌다. 나는 _____
펼쳤다.

5

보기	깜짝	맵게	열심히	아름답게

07 문장의 주성분 알기 2

개념 확인   39쪽

1 서술어   2 ○
3 ✕   4 ○

문법 개념 익히기   40쪽

1 장난감을, ⑩ 나는 장난감을 잃어버렸다.
2 피아노를, ⑩ 언니는 피아노를 배웠다.
3 우산을, ⑩ 삼촌은 고장 난 우산을 고쳤다.
4 (1) 회장이 (2) ⑩ 나는 이제 회장이 아니다.
5 (1) 무지갯빛이 (2) ⑩ 하늘이 무지갯빛이 되었다.

1 내 동생이 산 행동의 대상이 '장난감'이므로 이 문장에서 목적어는 '장난감을'입니다.

2 지수가 음악 대회에서 연주한 행동의 대상이 되는 것은 '피아노'이므로 이 문장에서 목적어는 '피아노를'입니다.

3 삼촌이 가방에서 꺼낸 행동의 대상이 되는 것은 '우산'이므로 이 문장에서 목적어는 '우산을'입니다.

> 문장에서 '누구를', '무엇을'에 해당하는 말로 서술어가 나타내는 동작이나 행위의 대상이 되는 문장 성분이 목적어입니다.

4 서술어 '되었다'의 의미를 보충해

바른 문장 쓰기

1 피해를

2 결과적으로 지구 온난화는 이상 기후를
하는 원인이 되었다.

3 ⑩ 우선 전기를 아껴 쓸 것이다. 그리고
배출하지 않도록 노력해서 지구 온난화
람이 되고 싶다.

1 이 글에서는 지구 온난화로 발생한 북극발
해 세계 곳곳에서 막대한 피해를 보았다
다. 따라서 북극발 한파가 세계 곳곳에 안
인지 알 수 있는 부분은 '피해'이므로 '피해를
입니다.

> 목적어는 서술어의 의미를 전달하기
> 필요로 하는 서술어가 쓰인 문장에서 '을/를'이 붙은
> 라납니다. '안기다'는 '손해나 책임을 안게 하다.'의
> 기는 대상에 해당하는 목적어를 필요로 하는 서술어

2 서술어 '되었다'의 의미를 보충해 주기 위해
온난화가 이상 기후 현상을 유발하는 상태를
보어 '원인이'가 필요합니다.

3 이 글은 지구 온난화로 인한 북극발 한파 피해
성을 알리고 지구 온난화 억제를 위한 노력의
을 강조하고 있는 기사문입니다. 지구 온난
위해 자신이 어떤 일을 할 수 있을지 생각하

4 서술어 '되었다'의 의미를 보충해

관형어

사람이나 사물의 이름 또는 수량이나 순서를 나타내는 말 앞에서 그 뜻을 꾸며 주는 문장 성분이다.

참 고 관형사와 체언(명사 등)
머리를 꾸며 주는 말

예 오빠는 파란 모자를 썼다. → 관형어: 파란

특징 관형어는 문장에서 '어떤', '무엇의(누구의)'에 해당한다.

나의 부모님은 키가 크시다. (누구의+부모님)

나는 새 운동화를 신었다. (어떤+운동화)

개념 확인
1 관형어는 문장에서 사람이나 사물의 이름을 꾸며 주는 문장 성분이다. ○ X
2 관형어는 문장에서 '어떤', '무엇의'에 해당한다. ○ X

부사어

움직임이나 상태, 성질을 나타내는 말을 꾸미거나 다른 부사어와 관형어, 문장 전체를 꾸며 주는 문장 성분이다.

참 고 부사와 부, 동사 등 동사·형용사 등을 꾸며 주는 말

예 성찬이는 얼굴이 매우 잘생겼다. → 부사어: 매우

특징 부사어는 문장에서 '어떻게', '어디에', '언제', '얼마나'에 해당한다.

주말에 영화를 보았다 (언제+보았다)

아기가 손으로 밥을 먹어요. (어떻게+먹어요)

[1~3] 다음 글을 읽고, 짧은 글을 써 보세요.

5

나는 『소문 바이러스』라는 제목을 보고 '어떤 소문에 관한 이야기일까?'라는 궁금증이 들어 책을 읽게 되었다.

이수네 모둠이 뒷산에서 발견한 들꽃을 먹으면서 이 책의 이야기가 시작된다. 이수네 모둠 친구들을 비롯해 선생님과 주변 사람들의 몸에 붉은 반점이 생기는 증세를 보였다. 이 일을 경은이가 블로그에 올리면서 소문은 걷잡을 수 없이 퍼져 나갔다. 뉴스는 연일 이 사건을 보도했고, 세나가 슈퍼 전파자가, 이수네 모둠 친구들이 감염자다 등 온갖 억측이 난무했다. 이후 뒷산에서 발견한 들꽃이 질병의 원인임이 밝혀졌고 소문은 잦아들었다.

나는 책을 읽는 내내 ⊙'소문이 무섭구나.'라는 생각이 들었다. 그러면서 나 또한 사회 관계망 서비스를 사용하면서 타인에게 상처를 준 적은 없는지, 확인되지 않은 정보로 글을 쓰지는 않았는지 스스로 되돌아보게 되었다.

1 다음은 '나'가 읽은 책의 줄거리입니다. 보기에 있는 부속 성분을 활용하여 글을 완성해 보세요.

보기	금방	잘못된	뒷산에서

이수네 모둠이 [　　　] 발견한 들꽃을 먹은 후 이상 증세가 나타나고, 이 일에 대한 소문이 [　　　] 정보와 함께 퍼진다. 이후 병의 원인이 밝혀지고 소문은 [　　　] 잦아들었다.

2 다음 조건에 따라 ⊙을 바꾸어 써 보세요.

조건
· 서술어를 꾸며 주는 말을 쓸 것.
· '정말'과 '첫' 중 하나를 사용할 것.

➡

6 3 사회 관계망 서비스를 바르게 사용하는 방법에 대한 자신의 생각을 간단하게 써 보세요.

➡

---

08 문장의 부속 성분 알기

개념 확인　　　　43쪽

1 ○　　　　2 ○
3 ○　　　　4 X

문법 개념 익히기　　　　44쪽

1 (1) 새　(2) 옷
2 (1) 빠르게　(2) 달렸다
3 (1) 예쁜　(2) 꽃
4 하늘에서, 파란
5 열심히, 깜짝

1 이 문장에서 '옷'을 꾸며 주는 '새'가 관형어입니다.
개념 다지기 사람이나 사물의 이름 또는 수량이나 순서를 나타내는 말 앞에서 그 뜻을 꾸며 주는 부속 성분을 관형어라고 합니다.

2 이 문장에서 '달렸다'를 꾸며 주는 '빠르게'가 부사어입니다.
개념 다지기 움직임이나 상태, 성질을 나타내는 서술어를 꾸미거나 다른 부사어와 관형어, 문장 전체를 꾸미는 부속 성분을 부사어라고 합니다.

바른 문장 쓰기　　　　45쪽

1 뒷산에서, 잘못된, 금방
2 소문이 정말 무섭구나
3 예 정보가 많을수록 가짜 뉴스와 허위 정보가 많은데 모든 정보를 그대로 믿기보다는 비판적 사고로 정보를 대해야 한다. 그리고 사회 관계망 서비스에 정보를 올릴 때도 허위 정보인지 아닌지를 정확히 판단하여 공유해야 한다.

1 '뒷산에서'는 '발견한'을 꾸미는 부사어입니다. '잘못된'은 '정보'를 꾸미는 관형어입니다. '금방'은 '잦아들었다'를 꾸며 주는 부사어로 모두 부속 성분에 해당합니다.
개념 다지기 관형어는 문장에서 '어떤', '무엇의(누구의)'에 해당하는 말이고, 부사어는 '어떻게', '어디에', '언제', '얼마나'에 해당하는 말입니다.

2 서술어를 꾸며 주는 부사어를 넣어야 합니다. 그리고 이 책을 통해 소문이 무섭다는 것을 심각하게 느끼고 있기 때문에 '무섭구나'를 꾸며 주는 '정말'이 들어가야 합니다.

3 이 글은 『소문 바이러스』라는 책을 읽고 느낀 점을 쓴 독후감으로, 무분별하게 퍼지는 소문의 위험성과 사회 관계망 서비스를 바르게 사용해야 함을 전하고 있습니다. 자신이 생각하는 사회 관계망 서비스를

부록

05 상의어, 하의어 알기
06 문장의 주성분 알기 1
07 문장의 주성분 알기 2
08 문장의 부속 성분 알기
09 문장의 호응 알기 1
10 문장의 호응 알기 2

8 글 필사하기

본문에 나온 글을 다시 읽어 봐요. 그리고 문법이 적용된 부분을 찾아 필사하면서 배운 내용을 복습할 수 있어요.

이 책의 차례

1장
단어의 짜임과 종류

01	어근, 접사 알기	12
02	단일어, 복합어 알기	16
03	합성어, 파생어 알기	20
04	유의어, 반의어 알기	24
05	상의어, 하의어 알기	28

2장
문장 성분과 호응 관계

06	문장의 주성분 알기 1	34
07	문장의 주성분 알기 2	38
08	문장의 부속 성분 알기	42
09	문장의 호응 알기 1	46
10	문장의 호응 알기 2	50

3장
문장 표현 1

11	평서문, 의문문, 감탄문 알기	56
12	명령문, 청유문 알기	60
13	상대 높임법 알기	64
14	주체 높임법, 객체 높임법 알기	68
15	시간 표현 알기	72

4장
문장 표현 2

16	부정 표현 알기	78
17	능동 표현, 피동 표현 알기	82
18	주동 표현, 사동 표현 알기	86
19	중복 표현 고쳐쓰기	90
20	중의적 표현 피하기	94

글 필사하기	01-20 글 필사하며 문법 내용 확인하기	100

1장

단어의 짜임과 종류

뜻을 가지고 혼자 쓸 수 있는 말을 단어라고 해요. 단어는 짜임과 종류를 알면

단어 사이의 의미 관계를 쉽게 파악할 수 있어요. 그리고 상황에 맞는 적절한 단어를

사용할 수 있기 때문에 생각을 효과적으로 표현할 수 있어요.

01 어근, 접사 알기

02 단일어, 복합어 알기

03 합성어, 파생어 알기

04 유의어, 반의어 알기

05 상의어, 하의어 알기

01 어근, 접사 알기

콜럼버스는 달걀 한쪽 끝을 깨뜨려서 날달걀 세우기에 성공한다. 고정관념이라는 달걀을 깨면 새로운 세상을 볼 수 있다.

➡ '날달걀'은 '달걀'이라는 어근에 접사 '날-'이 붙었어요.

✏️ _____

_____

파도가 바닷가 모래사장에 적힌 글씨를 지우개처럼 지운다. 이제 행복만 남았다.

➡ '파도'는 어근 하나로 이루어진 단어이며, '지우개'에는 접사 '-개'가 붙었어요.

✏️ _____

_____

😊 글을 잘 읽고 쓰기 위해서는 단어를 아는 것이 중요해요. 단어는 실질적인 의미를 나타내는 중심 부분인 어근으로 이루어지거나 어근에 붙어서 의미를 더하는 접사가 붙어 단어가 되기도 해요. 단어의 구성을 잘 살펴보아요.

어근

語 말씀 어, 根 뿌리 근
말의 뿌리

단어에서 실질적인 의미를 나타내는 중심 부분을 어근이라고 한다.

방법 단어에서 실질적인 의미가 있는 부분을 찾으면 어근을 찾을 수 있다.

예 하늘 → 하늘, 맨손 → 손, 가위질 → 가위, 푸르다 → 푸르-, 읽다 → 읽-

특징 하나의 어근으로 단어를 만들 수 있고, 어근에 다른 어근이 붙어 단어를 형성하기도 한다.

구분	예시
어근 하나가 단어인 경우	꽃, 하늘, 호박, 풍선
어근에 다른 어근이 붙은 경우	논밭(논+밭) 밤낮(밤+낮) 책가방(책+가방) 돌다리(돌+다리)

개념 확인   1 어근은 단어의 실질적인 의미를 나타내는 부분이다.   ○   X

접사

接 접할 접, 辭 말씀 사
어근에 붙는 말

홀로 쓰이지 않고, 어근의 앞뒤에 붙어 의미를 더하거나 제한하며 새로운 단어를 구성하는 부분을 접사라고 한다.

구분 접사는 붙는 위치에 따라 어근 앞에 붙으면 접두사, 어근 뒤에 붙으면 접미사라고 한다.

접두사 + 어근	어근 + 접미사
풋+사과: 덜 익은 사과 '처음 나온' 또는 '덜 익은'의 뜻을 더함.	지우+개: 글이나 그림을 지우는 도구 '그런 행위를 하는 간단한 도구'의 뜻을 더함.
햇+과일: 그해에 새로 난 과일 '그해에 난'의 뜻을 더함.	부채+질: 부채로 바람을 일으키는 행동 '도구를 가지고 하는 일'의 뜻을 더함.
날+달걀: 익히지 않은 달걀 '말리거나 익히지 않은'의 뜻을 더함.	사냥+꾼: 사냥하는 사람 '어떤 일을 잘하거나 전문적으로 하는 사람'의 뜻을 더함.
맨+발: 아무것도 신지 않은 발 '다른 것이 없는'의 뜻을 더함.	잠+꾸러기: 잠이 아주 많은 사람 '그것이 심하거나 많은 사람'의 뜻을 더함.

개념 확인   2 접사는 홀로 쓰일 수 있다.   ○   X

3 어근 앞에 붙는 접사는   접두사   접미사   라고 한다.

[1~3] **보기**를 참고하여 밑줄 친 단어에서 어근을 찾아 쓰고, 그 어근을 활용한 짧은 문장을 지어 보세요.

> **보기** 바람에 벚꽃이 <u>날린다</u>.
> (날) ⇨ 하늘에 새가 무리지어 날았다.

1 슈퍼마켓에서 <u>과자</u>를 샀다.

( ) ⇨ _____

2 방에서 책을 재미있게 <u>읽었다</u>.

( ) ⇨ _____

3 토끼는 <u>사냥꾼</u>을 피해 숲으로 몸을 숨겼다.

( ) ⇨ _____

[4~5] 다음 빈칸에 들어갈 접사를 **보기**에서 찾아 쓰세요.

> **보기** 풋   장이   헛   쟁이

4 ⇨ 할머니께서 나에게 _____ 고추는 따지 말라고 하셨다.

5 ⇨ 우리 집에서 나는 겁이 많다고 해서 '겁_____'로 불린다.

[1~3] 다음 글을 읽고, 짧은 글을 써 보세요.

> 아침 일찍 일어나서 부모님과 등산을 갔다. 평소 학교 운동장에서만 뛰어놀았는데, 주말에 모처럼 산꼭대기에 올라 마을을 내려다볼 생각에 괜히 마음이 설레었다.
>
> 한 시간쯤 지났을 때 아빠께서 갑자기 신발을 벗더니 손에 들었다. ㉠그리고 건강을 위해 덧신을 신고 산에 오르자고 하셨다. 엄마와 나는 아빠의 말씀을 따르기로 했다. 아빠 말씀대로 신발을 벗고 발로 땅을 밟으니, 산의 기운이 내 몸속으로 들어오는 것 같아 건강해지는 기분이 들었다.
>
> 맨발로 한참을 걷다 보니 갑자기 발이 따가웠다. ㉡밤이 열리는 나무 아래에 떨어진 밤송이를 밟았기 때문이었다. 주변을 둘러보니 햇밤은 없고 빈 밤송이만 있었다. 아빠는 등산 온 사람들이 햇밤을 가져간 것 같다고 말씀해 주셨다. 겨울을 준비하려고 밤이나 도토리를 먹고 사는 동물들이 걱정되었다. 산에 와서 우리 몸이 건강해지는 것처럼 동물들의 건강을 위해 그들의 식량도 남겨 두어야 한다는 생각이 들었다.

1 보기를 참고하여 문장의 흐름이 자연스럽도록 ㉠을 알맞게 고쳐 써 보세요.

> **보기**
> • 맨-: '다른 것이 없는'의 뜻을 더하는 접사.
> • 덧-: '겹쳐 신거나 입는'의 뜻을 더하는 접사.

▷ 그리고 건강을 위해 _____ 로 산에 오르자고 하셨다.

2 ㉡을 두 개의 어근으로 이루어진 단어로 고치고, 이를 활용한 짧은 문장을 지어 보세요.

(_____) ▷ _____

3 동물과 공존하며 등산을 즐길 수 있는 방법에 대한 자신의 생각을 간단하게 써 보세요.

▷ _____

02 단일어, 복합어 알기

여기저기 단풍이 붉게 물든 가을. 무더운 여름을 견딘 우리에게 자연이 주는 선물이다.

⇨ '여기저기'는 복합어, '가을'은 단일어예요.

✏️ _____

_____

밤낮을 가리지 않고 내리는 눈보라 속에서도, 봄은 천천히 오고 있다.

⇨ '밤낮'과 '눈보라'는 복합어, '봄'은 단일어예요.

✏️ _____

_____

😊 단어의 종류에는 어근 하나로 이루어진 단일어와 두 개 이상의 어근이나 어근에 접사가 붙어서 이루어진 복합어가 있어요. 복합어를 구성한 단어의 원래 뜻이 복합어가 되면서 뜻이 어떻게 달라지는지 알아보아요.

단일어

單 홑 단, 一 하나 일,
語 말씀 어
홀로 이루어진 단어

하나의 어근으로 이루어진 단어를 단일어라고 한다.

예 손 다리 구름 나물

특징 하나의 어근으로 구성되어 있기에 단일어는 둘 이상으로 쪼갤 수 없다.

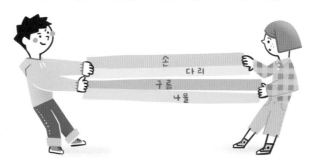

개념 확인

1 단일어는 두 개 이상의 어근으로 이루어진 단어이다. ○ X

2 단일어는 둘 이상으로 쪼갤 수 없다. ○ X

복합어

複 겹옷 복, 合 합할 합,
語 말씀 어
두 가지 이상이 합쳐져
생긴 단어

둘 이상의 어근 또는 어근과 접사의 결합으로 이루어진 단어를 복합어라고 한다.

예	
어근+어근	김밥(김+밥), 손발(손+발), 고무신(고무+신), 앞뒤(앞+뒤), 밥그릇(밥+그릇), 밤낮(밤+낮), 피땀(피+땀)
어근+접사	민소매(민+소매), 햇과일(햇+과일), 한겨울(한+겨울), 멋쟁이(멋+쟁이), 부채질(부채+질), 지우개(지우+개)

특징 복합어는 어근과 어근 또는 어근과 접사로 나눌 수 있다.

개념 확인

3 둘 이상의 어근이나, 어근과 접사의 결합으로 이루어진 단어를 복합어라 한다. ○ X

[1~2] 보기의 단어를 단일어와 복합어로 구분하여 쓰세요.

1

보기	손발	얼굴	겨울	국그릇

(1) 단일어 ⇨ (   )　　(2) 복합어 ⇨ (   )

2

보기	과일	지우개	종이	한여름

(1) 단일어 ⇨ (   )　　(2) 복합어 ⇨ (   )

[3~4] 다음 조건에 해당하는 단어를 보기에서 찾아 쓰고, 그 단어를 사용하여 짧은 문장을 지어 보세요.

보기	꽃	부채질	돌다리

3

조건	'하나의 어근'으로 구성된 단어

(   ) ⇨ _____

4

조건	'어근과 접사'로 구성된 단어

(   ) ⇨ _____

[1~3] 다음 글을 읽고, 짧은 글을 써 보세요.

현대인의 필수 건강식

㉠밥을 푸는 주걱으로 돌솥밥을 푸고 나면 바닥에 눌어붙은 밥을 볼 수 있다. 이것이 누룽지다. ㉮밥그릇에 담겨진 누룽지는 고소한 맛과 바삭한 식감으로 예로부터 건강에 좋은 음식으로 알려져 있다. 누룽지의 어떤 점이 ㉯우리 몸에 좋을까?

누룽지는 밥보다 소화가 잘된다. 밥보다 단단한 누룽지는 ㉰입안에서 씹는 시간이 길어지면서 침샘에서 침이 많이 분비되어 소화에 도움이 된다. 따라서 누룽지에 있는 탄수화물, 단백질, 비타민 같은 영양소가 충분히 흡수되고 우리 몸에 필요한 에너지를 공급받을 수 있는 것이다.

또 누룽지로 만든 탕은 위가 불편할 때 속을 편안하게 해 주고, 누룽지로 만든 ㉱차는 우리 몸에 수분을 공급하면서 노폐물 배출을 도와준다.

기름지고 자극적인 맛을 가진 음식들이 넘치는 현대 사회에서 누룽지는 현대인의 맛과 건강을 모두 잡을 수 있는 훌륭한 음식이다.

---

1 ㉠을 복합어를 사용하여 바꾸어 써 보세요.

⇨ _____ 으로 돌솥밥을 푸고 나면 바닥에 눌어붙은 밥을 볼 수 있다.

2 ㉮~㉱를 단일어와 복합어로 구분하여 기호를 쓰고, 이 중 복합어를 사용하여 다음 문장을 완성해 보세요.

(1) 단일어 ⇨ (   )

(2) 복합어 ⇨ (   )

(3) 식탁 위의 _____ 에 담긴 누룽지를 엄마가 잠시 등을 돌린 틈을 타

서 재빠르게 _____ 에 넣었다.

3 평소 즐겨 먹는 건강한 음식에 관한 글을 복합어를 포함하여 간단하게 써 보세요.

⇨ _____

_____

합성어, 파생어 알기

✏️ **필사**하며 익히기

돌다리도 두들겨 보고 건너듯이, 어떤 일을 할 때 항상 조심하고 확인해야 한다.

➡ '돌다리'는 합성어예요.

늦더위가 기승을 부려도, 부채질이 계속되어도 결국 여름은 지나간다.

➡ '늦더위'와 '부채질'은 파생어예요.

😊 복합어는 단어가 어떻게 만들어졌는지에 따라 합성어와 파생어로 나뉘어요. 합성어와 파생어는 어근과 접사를 정확하게 알고 있으면 쉽게 구분할 수 있어요.

합성어

合 합할 합, 成 이룰 성,
語 말씀 어
둘 이상이 결합하여 이
루어진 단어

둘 이상의 어근으로만 이루어진 단어를 합성어라고 한다.

예 논밭 밤나무 손수건 밥그릇 눈물

특징 합성어는 각각의 뜻을 가진 어근으로 이루어졌기에 더 작은 부분으로 쪼개어 쓸 수 있다.

개념 확인

1 합성어는 어근 하나로 이루어진 단어를 말한다. ○ X

2 합성어는 더 작은 부분으로 쪼개어 쓸 수 있다. ○ X

파생어

派 물갈래 파, 生 날 생,
語 말씀 어
원래 뜻에서 갈라져 나와
새롭게 이루어진 단어

어근에 접사가 붙어서 이루어진 단어를 파생어라고 한다.

특징 접두사(앞에 붙는 접사)와 접미사(뒤에 붙는 접사)에 따라 특정한 뜻이 더해지거나 강조되기도 한다.

예	
접두사가 붙은 파생어	햇-: 그해에 난 → 햇과일, 햇곡식, 햇감자
	풋-: 처음 나온 또는 덜 익은 → 풋사과, 풋나물, 풋과일
	맨-: 다른 것이 없는 → 맨밥, 맨손, 맨주먹
	헛-: 이유나 보람 없는 → 헛소리, 헛수고, 헛소문
접미사가 붙은 파생어	-질: 도구를 가지고 하는 일 → 걸레질, 빗질, 가위질
	-개: 행위를 하는 도구 → 날개, 덮개, 지우개
	-보: 그것을 특징으로 지닌 사람 → 꾀보, 털보, 싸움보
	-꾼: 어떤 일을 전문적으로 하거나 잘하는 사람 → 소리꾼, 살림꾼, 씨름꾼

개념 확인

3 어근에 접사가 붙어서 이루어진 단어를 파생어라고 한다. ○ X

[1~2] 다음 단어에서 합성어를 골라 ○표 하고, 그 단어를 넣어 짧은 문장을 지어 보세요.

1

시골	논밭	저녁

⇨ _____

2

뿌리	열매	사과나무

⇨ _____

[3~5] 다음 문장의 빈칸에 들어갈 파생어를 보기에서 찾아 쓰세요.

보기	군침	군말	날개	맨발

3 ⇨ 식욕이 나거나 재물에 욕심이 생기는 것을 이르는 말로 '_____ 이/가 돌다'라는 관용 표현이 있다.

4 ⇨ 생각, 감정, 기세 등을 힘차게 펼치는 것을 이르는 말로 '_____ 을/를 펴다'라는 관용 표현이 있다.

5 ⇨ 적극적으로 나서는 것을 이르는 말로 '_____ 벗고 나서다'라는 관용 표현이 있다.

[1~3] 다음 글을 읽고, 짧은 글을 써 보세요.

세균은 하나의 세포로 이루어진 아주 작은 생물로, 우리가 주변에서 볼 수 있는 여러 물건이나 다른 생물의 몸속 등 다양한 환경에서 살아간다. 그리고 세균은 번식력도 뛰어나서 살기 좋은 환경이 갖춰지면 짧은 시간 안에 엄청난 숫자로 늘어난다.

세균은 우리에게 다양한 방식으로 도움을 준다. 우리가 즐겨 먹는 요구르트나 김치에는 유산균이라는 세균이 풍부하게 들어 있으며, 이는 사람의 장 건강에 도움을 준다. 또한 뿌리혹박테리아라는 세균은 땅콩과 완두 같은 콩과 식물에 질소를 공급하여 성장을 돕는다. 이 세균은 ㉠뿌리털에 붙어 산다. 식물은 뿌리혹박테리아로부터 질소를 받는 대신 영양분을 제공한다.

하지만 세균이 늘 우리에게 이로운 것은 아니다. ㉠여름철에 음식 위에 [   ]를 덮지 않아 음식이 외부 환경에 노출될 때가 있다. 이럴 때 장티푸스균이나 콜레라균 등이 번식해 식중독과 같은 질병을 일으킬 수 있다.

이처럼 세균은 작지만 우리 주변 어디에나 존재하며, 때로는 ㉡살림꾼처럼 때로는 장난꾸러기처럼 우리 생활 속에서 다양한 역할을 한다.

1 ㉠와 ㉡ 중 파생어를 찾아 그 기호를 쓰고, 그 단어가 들어간 짧은 문장을 지어 보세요.

(   ) ⇨ _____

2 보기는 ㉠에 들어갈 파생어의 뜻입니다. 이를 참고하여 ㉠에 들어갈 파생어를 넣어 문장을 완성해 보세요.

> 보기   어근 '덮다'에 '그런 행위를 하는 도구'라는 뜻을 더하는 접사가 붙어 '그릇의 윗면을 덮는 물건.'이라는 뜻을 지님.

⇨ 여름철에 음식 위에 _____ 를 덮지 않아 음식이 외부 환경에 노출될 때가 있다.

3 보기의 단어를 넣어 세균에 대한 자신의 생각을 간단하게 써 보세요.

> 보기 • 몸속
> • 여름철
> • 살림꾼

⇨ _____

_____

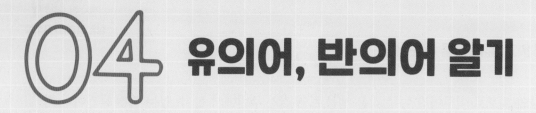

04 유의어, 반의어 알기

새들의 울음소리는 산울림이 되고, 동물들의
울음소리는 메아리가 되어 산속으로 퍼진다.

⇨ '산울림'과 '메아리'는 유의어예요.

✐ _____

_____

겨울은 차가운 눈발처럼 깊은 평안을 주고,
여름은 뜨거운 햇살처럼 우리를 빛나게 한다.

⇨ '겨울'과 '여름', '차가운'과 '뜨거운'은 반의어예요.

✐ _____

_____

😊 글을 쓸 때, 똑같은 단어를 반복하면 지루한 느낌을 줄 수 있어요. 이럴 때 뜻이 비슷한 유의어를 사용하면 표현이 풍
부한 글을 쓸 수 있어요. 또한 반의어는 대상의 차이점을 설명할 때 사용하면 효과적이에요.

유의어

類 무리 유, 義 뜻 의,
語 말씀 어
뜻이 비슷한 말

소리는 다르지만 의미가 비슷한 단어를 유의어라고 한다.

예 어린이 ≒ 아이   책방 ≒ 서점   키 ≒ 신장   청결 ≒ 깨끗

특징 유의어는 뜻이 서로 비슷해서 바꾸어 써도 의미가 대부분 달라지지 않는다.

예 우리 마을은 깨끗하다.
≒ 우리 동네는 깨끗하다.

주의 유의어의 의미는 비슷하지만 떠오르는 느낌은 조금씩 차이가 있다. 그래서 대상이나 문맥에 따라 알맞게 사용해야 한다.

예 빼다 ≒ 뽑다: 못을 빼다(○), 못을 뽑다(○)
풀을 빼다(X), 풀을 뽑다(○)
발을 빼다(○), 발을 뽑다(X)

개념 확인   1 모든 유의어는 그 뜻이 비슷하기 때문에 어떤 문장에서든 서로 바꾸어 쓸 수 있다. ○   X

반의어

反 돌이킬 반, 義 뜻 의,
語 말씀 어
뜻이 서로 반대되는 말

단어의 의미가 서로 반대되는 단어를 반의어라고 한다.

예 남자 ↔ 여자   빠르다 ↔ 느리다   왼쪽 ↔ 오른쪽

특징 하나의 단어에는 그 단어가 쓰인 문맥에 따라 여러 개의 반의어가 있을 수 있다.

예
```
          벗다
      ↙        ↘
   입다          쓰다
```

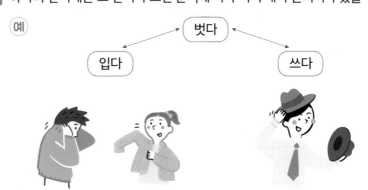

옷을 벗는다. ↔ 옷을 입는다.   모자를 벗는다. ↔ 모자를 쓴다.

개념 확인   2 하나의 단어에는 하나의 반의어만 있다. ○   X

3 단어의 의미가 서로 반대되거나 대립하는 단어를 유의어   반의어 라고 한다.

[1~2] 다음 밑줄 친 단어와 바꾸어 쓸 수 있는 유의어를 찾아 O표 하고, 그 유의어를 활용해 새로운 문장을 지어 보세요.

1 점심에 먹은 된장찌개는 <u>심심했다</u>.

싱거웠다　시원했다　⇨ _____

2 학생들이 모두 비슷한 스타일의 옷을 입어 <u>밋밋해</u> 보인다.

매끈해　평범해　⇨ _____

[3~4] 다음 문장의 의미가 반의 관계가 되도록 **보기**의 단어를 사용하여 문장을 완성해 보세요.

보기	넓은	차가운	좁은	뜨거운

3 ⇨ 우리 학교 운동장은 축구 경기를 할 수 있을 정도로 _____ 데 비해,

옆 학교 운동장은 뛰어놀 공간이 없을 정도로 _____ 편이다.

4 ⇨ 오후 내내 _____ 햇볕 아래서 친구들과 공놀이를 하고 집으로 돌

아와 _____ 물로 몸을 씻으니 더위가 씻은 듯이 사라졌다.

[1~3] 다음 글을 읽고, 짧은 글을 써 보세요.

존경하는 교장 선생님께.

안녕하십니까? 5학년 학생 대표 김능률입니다.

최근 단조로운 급식 메뉴와 구기 종목 중심의 체육 활동으로 인해 학생들의 학교에 대한 만족도가 점점 떨어지고 있습니다. 이에 교장 선생님께 몇 가지 건의를 드립니다.

먼저 급식 메뉴에 관한 건의입니다. ㉠현재는 매주 수요일마다 같은 급식 메뉴가 제공되고 있는데, 학생들이 좋아하는   급식 메뉴도 제공되었으면 좋겠습니다. 이날을 '수다날(수요일은 다 먹는 날)'로 정하면 음식물 쓰레기도 줄일 수 있습니다.

다음은 E스포츠 활동을 체육 시간에 도입하는 것에 관한 건의입니다. E스포츠는 단순한 게임이 아닌, 컴퓨터나 비디오 게임을 이용해 승부를 겨루는 스포츠입니다. ㉡E스포츠를 통해서 같은 팀끼리 서로 돕고 협동하는 자세와 전략적 사고를 기를 수 있습니다. 그리고 체육 과목의 만족도도 높일 수 있을 것입니다.

학교생활의 만족도를 높일 수 있도록 저희의 건의를 긍정적으로 검토해 주시길 부탁드립니다.

감사합니다.

1 다음 밑줄 친 단어의 반의어를 활용하여 ㉠을 완성해 보세요.

⇨ 현재는 매주 수요일마다 <u>같은</u> 급식 메뉴가 제공되고 있는데, 학생들이 좋아하는

           급식 메뉴도 제공되었으면 좋겠습니다.

2 ㉡에서 '협동'의 유의어를 사용해 바꾸어 쓰려고 합니다. 문맥에 맞는 알맞은 단어를 <u>보기</u>에서 찾아 ㉡을 바꾸어 써 보세요.

보기	대립	합심

⇨ _____

3 우리 가족에게 건의하고 싶은 내용을 유의어나 반의어를 활용해 간단하게 써 보세요.

⇨ _____

상의어, 하의어 알기

국어, 영어, 수학의 과목에서 배우는 지식도 살아가면서 배우는 지혜 중의 일부이다.

⇨ '과목'은 상의어, '국어', '영어', '수학'은 하의어예요.

빨리 달릴 수 있는 타조는 육지에서 가장 빨리 달리는 새이지만, 하늘을 나는 비둘기가 부럽다.

⇨ '새'는 상의어, '타조', 비둘기'는 하의어예요.

😊 한 단어의 뜻이 다른 단어의 뜻을 포함하거나 포함되는 관계를 상하 관계라고 해요. 다른 단어를 포함하는 단어는 상의어, 다른 단어에 포함되는 단어는 하의어예요. 상의어는 일반적이고 포괄적인 느낌을 주고, 하의어는 개별적이고 구체적인 느낌을 줘요. 그래서 글을 쓸 때 적절한 상의어와 하의어를 선택해서 사용하는 것이 중요해요.

상의어

上 위 상, 義 뜻 의,
語 말씀 어
뜻이 위에 있는 단어

어떤 단어의 의미가 다른 단어의 의미를 포함할 때, 다른 단어를 포함하는 단어를 상의어라고 한다.

예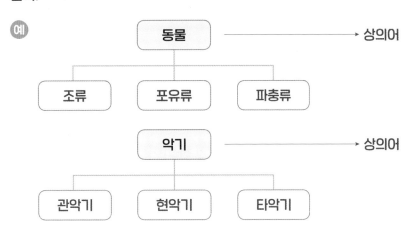

개념 확인 1 의미상 다른 단어의 의미를 포함하는 단어를 상의어   하의어 라고 한다.

하의어

下 아래 하, 義 뜻 의,
語 말씀 어
뜻이 아래에 있는 단어

어떤 단어의 의미가 다른 단어의 의미에 포함될 때, 다른 단어에 포함되는 단어를 하의어라고 한다.

예

특징 상하 관계는 어떤 단어를 무엇과 비교하느냐에 따라 그 단어가 상의어가 되기도 하고 하의어가 되기도 한다.

예 '동물 - 포유류 - 토끼'에서 '포유류'는 '동물'의 하의어지만, '토끼'의 상의어가 된다.

개념 확인 2 단어의 의미가 다른 단어에 포함되는 단어를 하의어라고 한다. ○   X

3 어떤 경우라도 상의어는 하의어가 될 수 없다. ○   X

[1~3] 다음 문장 속 단어를 상의어와 하의어로 구분해 보세요.

1 문학은 시, 소설, 수필, 희곡 등으로 나눌 수 있다.

(1) 상의어: (   )   (2) 하의어: (   )

2 학용품에는 지우개, 볼펜, 자 등이 포함된다.

(1) 상의어: (   )   (2) 하의어: (   )

3 우리나라 절기에는 입춘, 춘분, 처서, 동지 등이 있다.

(1) 상의어: (   )   (2) 하의어: (   )

[4~5] 보기의 단어들의 상의어를 사용하여 속담을 완성해 보세요.

4

보기	경단	절편	송편	인절미

⇨ 하기가 매우 쉬운 것을 비유적으로 이르는 말로 '누워서 ＿＿＿＿＿＿ 먹기'라는 속담이 있다.

5

보기	참나무	버드나무	자작나무	단풍나무

⇨ 잘될 사람은 어릴 때부터 남다른 재능이나 장래성이 엿보인다는 말로 '될성부른 ＿＿＿＿＿＿는 떡잎부터 알아본다'라는 속담이 있다.

[1~2] 다음 글을 읽고, 짧은 글을 써 보세요.

　지난 주말, 가족과 함께 교통 박물관에 갔다. 박물관 입구에 "교통수단은 사람이 이동하거나 화물을 운송하는 데 사용되는 모든 물리적 수단이다."라고 쓰여 있는 글귀를 읽으며 박물관으로 들어갔다.

　먼저 육상 교통수단 전시관에서는 마차, 자동차, 기차 등을 볼 수 있었다. 특히 고종이 탔던 우리나라 최초의 자동차인 어차의 웅장함에 감탄했다. 해상 교통수단 전시관에는 보트, 유람선, 잠수함 등이 전시되어 있었다. 그중에서도 잠수함 모형은 선원들의 침실과 주방까지 재현해 흥미로웠다.

　다음으로 간 항공 교통수단 전시관에서는 여객기, 화물기, 제트기 등을 볼 수 있었다. 제트기 중에는 소리보다 빠른 속도를 내는 것도 있다는 점에서 기술의 경이로움을 느낄 수 있었다. 마지막으로 미래 교통수단 전시관에는 태양광 자동차 등 친환경 기술을 이용하는 다양한 교통수단이 전시되어 있었다. 환경을 위해서라도 미래에는 이러한 교통수단이 필수적인 선택이 될 것이라는 생각이 들었다.

1 다음은 이 글에 나온 단어를 상의어와 하의어로 구분한 표입니다. 빈칸에 들어갈 단어를 이 글에서 찾아 쓰세요.

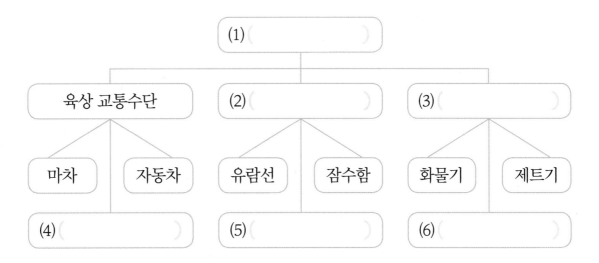

2 미래에는 어떤 교통수단이 등장할지 상의어와 하의어의 관계가 잘 드러나도록 써 보세요.

2장

문장 성분과 호응 관계

문장을 이루는 데 필요한 각각의 부분을 문장 성분이라고 해요. 문장 성분은 역할에 따라 주성분, 부속 성분, 독립 성분이 있어요. 여기에서는 주성분과 부속 성분을 공부할 거예요. 문장 성분끼리는 알맞게 호응해야 바른 문장이 되기 때문에, 호응 관계도 함께 배울 거예요.

06 문장의 주성분 알기 1

07 문장의 주성분 알기 2

08 문장의 부속 성분 알기

09 문장의 호응 알기 1

10 문장의 호응 알기 2

문장의 주성분 알기 1

속도가 인생에서 중요하다. 하지만 방향을 잘 못 잡으면 우리의 삶이 길을 잃는다.

⇨ '속도가', '삶이'는 주어, '중요하다', '잃는다'는 서술어예요.

✏️ _____

_____

노력이 재능을 이길 수 있는 유일한 길이다. 포기하지 않는 마음이 결국 성공을 만든다.

⇨ '노력이', '마음이'가 주어, '길이다', '만든다'는 서술어예요.

✏️ _____

_____

😊 문장에서 일정한 역할을 하는 각각의 부분을 문장 성분이라고 해요. 그중 문장을 만드는 데 꼭 필요한 성분을 주성분이라고 해요. 주성분에는 주어, 서술어, 목적어, 보어가 있는데, 오늘은 주어와 서술어를 알아봐요.

주어

主 주인 주, 語 말씀 어
주체가 되는 말

문장에서 '누가', '무엇이'에 해당하는 말로, 움직임이나 상태, 성질의 주체가 되는 문장 성분이다.

예 달곰이가 웃는다. → 주어: 달곰이가

특징 주어의 자격을 알려 주는 '이/가'를 붙여서 나타내며, 주어를 높일 때는 '이/가' 대신 '께서'를 붙인다.

예

동생이 학원에 간다.	얼음이 차갑다.
주어 움직임	주어 상태
고양이가 새카맣다.	주전자가 뜨겁다.
주어 상태	주어 성질
할머니께서 친절하시다.	자동차가 빨리 달린다.
주어 성질	주어 움직임

개념 확인

1 문장에서 움직임이나 상태, 성질의 주체가 되는 문장 성분을 ( )라고 한다.

2 문장에서 '누가', '무엇이'에 해당하는 말은 서술어다. ○ X

서술어

敍 펼 서, 述 지을 술,
語 말씀 어
풀어서 설명하는 말

문장에서 주어의 움직임이나 상태, 성질을 풀이하는 문장 성분이다.

예 달곰이가 웃는다. → 서술어: 웃는다

특징 서술어는 문장에서 '어찌하다', '어떠하다', '무엇이다' 등이 있다. '어찌하다'는 주어의 움직임, '어떠하다'는 주어의 상태나 성질, '무엇이다'는 사람이나 사물의 이름 또는 수량이나 순서를 나타내는 서술어다.

유진이가 노래를 부른다.
주어   서술어(어찌하다)

날씨가 화창하다.
주어   서술어(어떠하다)

나는 학생이다.
주어 서술어(무엇이다)

종합 주어가 없으면 누가 했는지 알 수 없고, 서술어가 없으면 주어의 행동이나 상태 등을 알 수 없다. 그래서 주어와 서술어는 문장에 꼭 필요한 주성분이다.

개념 확인

3 문장에서 주어의 상태나 성질을 풀이하는 것은 서술어다. ○ X

[1~2] 다음 문장에서 주어와 서술어를 찾아 쓰고, 각각을 활용하여 문장을 지어 보세요.

1

누나가 드디어 숙제를 끝냈다.

(1) 주어: (　　　　　　) ⇨ _____

(2) 서술어: (　　　　　　) ⇨ _____

2

부슬비가 끊임없이 내린다.

(1) 주어: (　　　　　　) ⇨ _____

(2) 서술어: (　　　　　　) ⇨ _____

[3~4] 다음 빈칸에 들어갈 알맞은 주어와 서술어를 보기에서 찾아 순서대로 써 넣으세요.

| 보기 | 꽃이 | 달렸다 | 민호는 | 날아다닌다 |

3 ⇨ 민호는 달리기 경주에서 1등으로 결승선을 통과했다. _____ 엄마께

이 소식을 전해드리고 싶어서 학교가 끝나자마자 집을 향해 _____ .

4 ⇨ 겨울 내내 움츠려 있던 _____ 따뜻한 햇살 아래에서 활짝 폈다. 활

짝 핀 꽃 주변에는 꿀을 찾는 벌이 _____ .

[1~3] 다음 글을 읽고, 짧은 글을 써 보세요.

> 우리가 사용하는 돈에 가짜 돈이 섞여 있다면 어떻게 될까? 아마 사회는 큰 혼란에 빠질 것이다. 이러한 혼란을 막기 위해 각 나라는 동전과 지폐에 위조 방지 기술을 도입하고 있다. 우리나라 역시 다양한 화폐 위조 방지 기술을 활용하고 있다.
>
> 먼저 동전의 위조 방지를 위해 ㉠동전의 [   ] 오돌토돌한 톱니 모양으로 되어 있다. 우리 나라 동전도 가장자리는 톱니 모양이다. 실제로 오십 원, 백 원, 오백 원 가장자리에는 각각 109개, 110개, 120개의 톱니가 있다.
>
> 또한 정밀하게 그려진 역사적 인물의 그림뿐만 아니라, 각도에 따라 색상이 달리 보이는 특수 잉크, 이미지가 변하는 홀로그램 등 첨단 위조 방지 기술이 적용되어 있다. 지폐는 면섬유로 제작되어 일반 종이에 비해 내구성이 뛰어나고 질감에서도 차이가 나는데, 이것도 위조를 방지할 수 있다. ㉡이러한 기술들 덕분에 위조는 매우 어렵다.
>
> 화폐가 기본 거래 수단인 현대 사회에서 위조 방지 기술은 안전한 경제 활동을 위해 꼭 필요하다.

1 ㉠의 빈칸에 들어갈 주어를 이 글에서 찾아 문장을 완성해 보세요.

⇨ 동전의 _____ 오돌토돌한 톱니 모양으로 되어 있다.

2 보기를 참고하여 ㉡의 주어와 서술어를 찾아 한 문장으로 써 보세요.

> **보기**   로봇 청소기 덕분에 교실이 무척 깨끗하다.
> → 교실이 깨끗하다.

⇨ _____

3 가짜 돈이 사용된다면 어떻게 될지 주어와 서술어를 넣어 문장으로 써 보세요.

⇨ _____

문장의 주성분 알기 2

✏️ 필사하며 익히기

도전하는 과정에서 실패를 할 수 있다. 중요
한 것은 마지막까지 열정을 잃지 않는 것이다.

⇨ '실패를', '열정을'은 목적어예요.

✏️ _____

_____

오늘이 전부가 아니다. 오늘 흘린 땀방울이
모여 내일의 씨앗이 된다.

⇨ '전부가', '씨앗이'는 보어예요.

 _____

_____

😊 목적어와 보어도 문장에서 필수적인 역할을 하는 주성분이에요. 문장은 주어와 서술어만으로 구성할 수 있지만, 이 둘
만으로 문장이 완전하지 않은 경우에 목적어와 보어를 넣어 문장을 완성해요.

목적어

目 눈 목, 的 과녁 적,
語 말씀 어
동작이나 행위의 대상
이 되는 말

문장에서 '누구를', '무엇을'에 해당하는 말로, 서술어가 나타내는 동작이나 행위의 대상이 되는 문장 성분이다.

예 (엄마가 나를 안았다. → 목적어: <u>나를</u>) (동생은 장난감을 좋아한다. → 목적어: <u>장난감을</u>)

특징 목적어는 동작이나 상태를 나타내는 서술어와 함께 쓰이며, '을/를'을 붙여서 나타낸다.

선생님께서 민호를 부르셨다.
누구를

민호는 춤을 추었다.
무엇을

할머니께서 용돈을 주셨다.
무엇을

개념 확인

1 목적어는 [주어] [서술어] 가 나타내는 동작이나 행위의 대상이 되는 문장 성분이다.

2 목적어는 '을/를'을 붙여서 나타낸다. (○) (X)

보어

補 기울 보, 語 말씀 어
도와주는 말

서술어 '되다', '아니다'의 앞에서 뜻을 보충해 주는 말로, 주어의 상태나 성질을 구체화해 주는 문장 성분이다.

예 (언니는 작가가 되었다. → 보어: <u>작가가</u>) (고래는 어류가 아니다. → 보어: <u>어류가</u>)

특징 보어는 주어처럼 '이/가'를 붙여서 나타낸다.

예 나는 열두 살이 되었다.   애벌레가 나비가 되었다.
윤지는 반장이 아니다.   정답은 3번이 아니다.

종합 '(책을) 읽다, (꽃을) 좋아하다' 등과 같은 서술어는 목적어가 없으면 의미가 완전하지 않다. 그리고 서술어 '되다, 아니다'도 보어가 없으면 의미가 완전하지 않다. 목적어와 보어는 문장의 뜻을 완전하게 만드는 데 꼭 필요한 문장의 주성분이다.

개념 확인

3 서술어 '되다'와 '아니다'의 앞에서 뜻을 보충해 주는 문장 성분은 주어이다. (○) (X)

4 보어는 주어처럼 '이/가'를 붙여서 나타낸다. (○) (X)

[1~3] 보기를 참고하여 다음 문장에서 목적어를 찾아 쓰고, 그 목적어를 활용한 문장을 지어 보세요.

> **보기** 지호가 수업이 끝난 후에 농구를 한다.
> (농구를) ⇨ 나는 운동 중에 농구를 제일 좋아한다.

1 내 동생은 장난감을 샀다.

( ) ⇨ _____

2 지수가 음악 대회에서 피아노를 연주했다.

( ) ⇨ _____

3 비가 내리자 삼촌은 가방에서 우산을 꺼냈다.

( ) ⇨ _____

[4~5] 보기를 참고하여 다음 문장에서 보어를 찾고, 그 보어가 들어간 새로운 문장을 지어 보세요.

> **보기** 라희는 훌륭한 과학자가 되었다.
> **보어:** 과학자가   **문장:** 명수는 <u>과학자가</u> 아니다.

4
> 미래가 회장이 되었다.

(1) 보어: ( )

(2) 문장: _____

5
> 하늘은 무지갯빛이 아니다.

(1) 보어: ( )

(2) 문장: _____

[1~3] 다음 글을 읽고, 짧은 글을 써 보세요.

㉠세계 곳곳에 [   ] 안긴 북극발 한파

지구 온난화, 이상 기후 현상의 주요 원인으로 지목

　극심한 추위와 기록적인 폭설 등 세계 곳곳에 피해를 안긴 북극발 한파는 이상 기후 현상의 심각성을 여실히 드러냈다.

　기상학자들은 이상 기후 현상을 지구 온난화와 연결하여 설명했다. 지구의 기후 시스템에 영향을 주는 기류 중 하나인 '극 소용돌이(polar vortex)'는 극지방이 일정한 기온 이하로 떨어지면 더 많은 찬 공기를 끌어들인다. 그래서 극지방 아래에 있는 나라의 겨울 기온이 지나치게 내려가는 것을 막아 준다. 하지만 극지방의 기온이 올라가면 '극 소용돌이'가 찬 공기를 끌어당기는 힘이 약해지고 이로 인해 극지방 아래에 있는 나라들은 한파와 폭설을 겪게 된다. ㉡결과적으로 지구 온난화는 이상 기후 현상을 유발하는 [   ] 되었다.

　따라서 북극 한파가 유발하는 피해를 막고 지구 기후 시스템의 안정성을 회복하기 위해서는 지구 온난화 억제를 위한 노력이 절실히 필요하다.

---

1 기사문에서 표제는 기사의 핵심 내용을 알려 주는 큰 제목입니다. ㉠의 빈칸에 들어갈 알맞은 목적어를 이 글에서 찾아 써 보세요.

세계 곳곳에 [   ] 안긴 북극발 한파

2 보기에서 ㉡의 빈칸에 들어갈 알맞은 보어를 찾아 문장을 다시 써 보세요.

보기	공기가	지구가	원인이	기온이

⇨ _____

3 보기의 단어를 목적어와 보어로 사용하여 지구 온난화 억제를 위해 자신이 어떤 일을 할 수 있을지 간단하게 써 보세요.

보기
쓰레기
전기
사람

⇨ _____

_____

문장의 부속 성분 알기

✏️ 필사 하며 익히기

님은 갔습니다.
아아 사랑하는 나의 님은 갔습니다.

➡ '사랑하는', '나의'는 관형어예요.

_____

_____

하늘이 참 예쁜 날.
길게 뻗은 구름이
달콤한 솜사탕으로 보이는
하늘이 참 예쁜 날.

➡ '참', '길게'는 부사어, '달콤한'은 관형어예요.

_____

_____

😊 주된 것에 딸려 붙어 있는 것을 '부속'이라고 해요. 부속 성분은 문장에서 주성분을 꾸며 뜻을 더하여 주는 문장 성분으로, 관형어와 부사어가 있어요.

관형어

冠 갓 관, 形 형상 형,
語 말씀 어
머리를 꾸며 주는 말

사람이나 사물의 이름 또는 수량이나 순서를 나타내는 말 앞에서 그 뜻을 꾸며 주는 문장 성분이다.

예 (오빠는 파란 모자를 썼다 → 관형어: 파란)

특징 관형어는 문장에서 '어떤', '무엇의(누구의)'에 해당한다.

예

나는 새 운동화를 신었다. (어떤+운동화)

나의 부모님은 키가 크시다. (누구의+부모님)

개념 확인

1 관형어는 문장에서 사람이나 사물의 이름을 꾸며 주는 문장 성분이다. ○ X

2 관형어는 문장에서 '어떤', '무엇의'에 해당한다. ○ X

부사어

副 버금 부, 詞 말씀 사,
語 말씀 어
뒤를 잇는 말을 꾸며 주
는 말

움직임이나 상태, 성질을 나타내는 말을 꾸미거나 다른 부사어와 관형어, 문장 전체를 꾸며 주는 문장 성분이다.

예 (성찬이는 얼굴이 매우 잘생겼다. → 부사어: 매우)

특징 부사어는 문장에서 '어떻게', '어디에', '언제', '얼마나'에 해당한다.

예

주말에 영화를 보았다 (언제+보았다)

아기가 손으로 밥을 먹어요. (어떻게+먹어요)

개념 확인

3 부사어는 문장 전체를 꾸며 주는 문장 성분이다. ○ X

4 부사어는 관형어를 꾸며 줄 수 없다. ○ X

[1~3] 다음 문장에 드러난 부속 성분과 그 부속 성분이 꾸며 주는 대상을 찾아 쓰세요.

1

> 어머니께서 새 옷을 주셨다.

(1) 부속 성분: (   )

(2) 꾸며 주는 대상: (   )

2

> 정연이가 빠르게 달렸다.

(1) 부속 성분: (   )

(2) 꾸며 주는 대상: (   )

3

> 예쁜 꽃이 피었다.

(1) 부속 성분: (   )

(2) 꾸며 주는 대상: (   )

[4~5] 다음 문장의 빈칸에 들어갈 알맞은 부속 성분을 보기에서 찾아 쓰세요.

4

| 보기 | 파란 | 춤추는 | 깨끗하게 | 하늘에서 |

⇨ 갑자기 _____ 비가 쏟아졌다. 나는 _____ 우산을
펼쳤다.

5

| 보기 | 깜짝 | 맵게 | 열심히 | 아름답게 |

⇨ 아빠는 동생이 _____ 공부하는 것을 보고 _____
놀랐어요.

[1~3] 다음 글을 읽고, 짧은 글을 써 보세요.

> 나는 『소문 바이러스』라는 제목을 보고 '어떤 소문에 관한 이야기일까?'라는 궁금증이 들어 책을 읽게 되었다.
>
> 이수네 모둠이 뒷산에서 발견한 들꽃을 먹으면서 이 책의 이야기가 시작된다. 이수네 모둠 친구들을 비롯해 선생님과 주변 사람들의 몸에 붉은 반점이 생기는 증세를 보였다. 이 일을 정은이가 블로그에 올리면서 소문은 걷잡을 수 없이 퍼져 나갔다. 뉴스는 연일 이 사건을 보도했고, 세나가 슈퍼 전파자, 이수네 모둠 친구들이 감염자다 등 온갖 억측이 난무했다. 이후 뒷산에서 발견한 들꽃이 질병의 원인임이 밝혀졌고 소문은 잦아들었다.
>
> 나는 책을 읽는 내내 ㉠'소문이 무섭구나.'라는 생각이 들었다. 그러면서 나 또한 사회 관계망 서비스를 사용하면서 타인에게 상처를 준 적은 없는지, 확인되지 않은 정보로 글을 쓰지는 않았는지 스스로 되돌아보게 되었다.

1 다음은 '나'가 읽은 책의 줄거리입니다. 보기에 있는 부속 성분을 활용하여 글을 완성해 보세요.

보기	금방	잘못된	뒷산에서

⇨ 이수네 모둠이 [   ] 발견한 들꽃을 먹은 후 이상 증세가 나타나고, 이 일에 대한 소문이 [   ] 정보와 함께 퍼진다. 이후 병의 원인이 밝혀지고 소문은 [   ] 잦아들었다.

2 다음 조건에 따라 ㉠을 바꾸어 써 보세요.

> 조건
> • 서술어를 꾸며 주는 말을 쓸 것.
> • '정말'과 '헛' 중 하나를 사용할 것.

⇨ _____

3 사회 관계망 서비스를 바르게 사용하는 방법에 대한 자신의 생각을 간단하게 써 보세요.

⇨ _____

_____

문장의 호응 알기 1

칭찬은 세상에서 가장 아름다운 선물이다.
칭찬을 통해 따뜻한 세상을 만들자.

➡️ '칭찬은'은 주어, '선물이다'는 서술어로, 서로 호응하고 있어요.
'세상을'은 목적어, '만들자'는 서술어로, 서로 호응하고 있어요.

✏️ _____

_____

진심 없는 칭찬은 오히려 상처만 된다. 마음
속에서 우러나오는 칭찬을 건네자.

➡️ '칭찬을'은 목적어, '건네자'는 서술어로, 서로 호응하고 있어요.

✏️ _____

_____

😊 문장 성분들은 서로 관계를 맺고 있어요. 어떤 말이 앞에 나오면, 거기에 응하는 말이 따라와야 해요. 이것을 문장의 호응이라고 불러요. 문장의 호응이 어색하면 부정확한 문장이 돼서, 뜻을 잘 전달할 수 없어요.

주어와 서술어의 호응

呼 부를 호, 應 응할 응
부름이나 요구에 맞춰
행동함

주어의 움직임이나 상태를 설명하는 것이 서술어다. 따라서 문장에서는 주어의 상황에 맞는 서술어를 사용해야 한다.

(예) 나무에 꽃이 열린다. (X)
　　　　　주어　서술어

⇨ 나무에 꽃이 핀다.
　　　　주어　서술어

(예) 산속에서 늑대와 산새가 지저귄다. (X)
　　　　　　　　주어　　　서술어

⇨ 산속에서 늑대가 울고, 산새가 지저귄다.
　　　　　　　주어　서술어　주어　　서술어

주의 글을 쓸 때 필요한 주어 또는 서술어가 생략되면 문장이 어색해진다.

(예) 나는 동생보다 키와 몸무게가 크다. (X) ⇨ 나는 동생보다 키가 크고, 몸무게가 더 무겁다.

개념 확인　**1** 정확한 문장이 되려면, 주어와 서술어가 (　　　　　)을/를 이루어야 한다.

목적어와 서술어의 호응

목적어는 서술어가 나타내는 행동이나 상태의 대상이 된다. 따라서 목적어와 서술어의 호응이 이루어져야 자연스러운 문장이 된다.

(예) 아빠가 춤을 불렀다. (X)
　　　　　목적어　서술어

⇨ 아빠가 춤을 추었다.
　　　　목적어　서술어

⇨ 아빠가 노래를 불렀다.
　　　　목적어　　서술어

(예) 우리는 김밥과 물을 마셨다. (X)
　　　　　목적어　　　서술어

⇨ 우리는 김밥을 먹고, 물을 마셨다.
　　　　　목적어　서술어 목적어 서술어

주의 목적어가 서술어의 동작이나 행위와 자연스럽게 연결되어 있는지 확인해야 한다.

(예) 나는 저녁에 산책이나 텔레비전을 본다. (X) ⇨ 나는 산책을 하거나 텔레비전을 본다.

개념 확인　**2** '철수가 영화와 책을 읽었다.'라는 문장은 목적어와 서술어가 호응하지 않는다.

[1~2] 문장의 호응이 자연스럽게 밑줄 친 부분을 알맞게 고쳐 써 보세요.

1 나의 취미는 노래를 <u>부른다</u>. ⇨ _____ .

2 지율이는 새로 산 양말을 <u>입었다</u>. ⇨ _____ .

[3~5] 문장의 호응이 이루어질 수 있게 빈칸에 들어갈 알맞은 서술어를 쓰세요.

3

> 이 음식은 영양과 <u>맛이 좋습니다</u>.

⇨ 이 음식은 영양이 _____ 맛이 좋습니다.

4

> 맑은 하늘이 이내 흐려지더니 <u>눈과 바람이 불었다</u>.

⇨ 맑은 하늘이 이내 흐려지더니 눈이 _____ 바람이 불었다.

5

> 내가 숙제하는 동안, 동생은 <u>텔레비전과 라디오를 들었다</u>.

⇨ 내가 숙제하는 동안, 동생은 텔레비전을 _____ 라디오를 들었다.

[1~3] 다음 글을 읽고, 짧은 글을 써 보세요.

> 강진은 우리나라 전통 청자의 약 80%를 만든 청자 예술의 성지입니다. 이곳에서 매년 열리는 '강진 청자 축제'는 단순히 도자기 관람을 넘어서, 천년의 역사를 간직한 고려청자의 예술혼을 기리고 그 우수성을 세계에 알리는 문화 예술 축제입니다.
>
> '강진 청자 축제'는 ○월 ○○일부터 ○월 ○○일까지 펼쳐집니다. 관람객들의 오감을 만족시킬 청자 물레 체험, 힐링 불멍 캠프, 야외 족욕 등 다채로운 체험 활동을 함께 즐길 수 있습니다. 그리고 청자에 관한 다양한 ㉠전시가 준비되어야 하는 것입니다. 청자 제작 과정을 담은 공연 또한 관람객들의 눈과 귀를 사로잡을 것입니다. 이 외에도 강진의 특산품인 민물새우로 만든 토하젓도 만날 수 있는데, ㉡시식 코너에서는 토하젓을 맡을 수 있습니다.
>
> 온 가족이 함께 방문하여 푸른빛으로 가득한 강진에서 다채로운 체험을 즐기고, 천년의 역사를 간직한 고려청자의 아름다움을 만끽하시기 바랍니다.

1 ㉠에서 주어를 찾고, 문장의 호응이 자연스럽게 이루어지도록 고쳐 써 보세요.

(1) 주어: _____

(2) 고친 문장: _____

2 목적어와 서술어의 호응이 이루어지도록 ㉡을 고쳐 써 보세요.

⇨ _____

3 내가 경험한 지역 축제를 떠올려 보고, 문장의 호응을 생각하며 이를 안내하는 글을 써 보세요.

⇨ _____

_____

10 문장의 호응 알기 2

✏️ **필사하며 익히기**

붉은 단풍잎이 여기저기 떨어졌다. 화려한 가을도 영원하지는 않을 것이다.

➡️ '붉은'은 '단풍잎'을, '화려한'은 '가을'을 꾸며 주어 단풍잎과 가을의 상태를 자세하게 나타내 주고 있어요.

✏️

바람이 부는 것이 마치 손으로 머리를 쓰다듬는 것 같다. 때로는 자연도 우리를 격려해 준다.

➡️ '마치'는 '거의 비슷하게'라는 뜻의 부사어로, 서술어 '같다'와 호응해요.

😊 문장에서 특정한 부사어가 오면 그에 뒤따르는 특정 서술어가 와요. 또 관형어는 꾸며 주는 말과의 관계에 따라 알맞은 단어를 사용해야 해요.

관형어의 호응

문장에서 관형어와 관형어의 꾸밈을 받는 말이 호응을 이루어야 자연스러운 문장이 된다.

예 키가 적은 꽃이 피었다. (X)
⇨ 키가 작은 꽃이 피었다.

예 귀여운 아이의 모자가 벗겨졌다. (X)
⇨ 귀여운 아이가 쓴 모자가 벗겨졌다.
⇨ 아이가 쓴 귀여운 모자가 벗겨졌다.

주의 관형어가 꾸밈을 받는 말 앞에 오면 정확한 뜻을 전달하는 데 효과적이다.

예 누나가 가지고 있는 인형이 귀여울 때: 누나의 귀여운 인형

예 인형을 가지고 있는 누나가 귀여울 때: 귀여운 누나가 가지고 있는 인형

개념 확인   1   문장에서 관형어와 관형어의 꾸밈을 받는 말이 호응을 이루어야 한다.   ◯   ✕

부사어와 서술어 호응

문장에서 부사어와 그것이 꾸며 주는 서술어가 호응을 이루어야 자연스러운 문장이 된다. 부사어와 호응하는 서술어를 사용해야 한다.

특징 부사어와 호응하는 서술어는 하나의 말처럼 굳어진 채 사용되는 경우가 많다.

부사어	호응하는 서술어	예시
결코, 절대로, 별로, 전혀 등 부정 표현 부사어	아니다, 않다, 없다 등과 호응	그 일은 결코 우연이 아니다.
만약, 만일, 혹시, 아마 등 가정 표현 부사어	-할 것이다 등과 호응	내가 만약 새라면, 하늘을 날 수 있을 것이다.
설마, 오죽 등 의문 표현 부사어	-할까?, -하랴? 등과 호응	설마 철수가 나를 이길까?
마치	같다 등과 호응	눈이 내리니 마치 다른 세상으로 온 것 같다.
왜냐하면	때문이다 등과 호응	왜냐하면 지금 비가 오기 때문이다.

개념 확인   2   부사어 '왜냐하면'은 서술어 '(   )'와 호응하고, 부사어 '마치'는 서술어 '(   )'와 호응한다.

[1~2] 다음 문장이 어색한 이유를 쓰고, 문장을 자연스럽게 고쳐 써 보세요.

1

나는 땀을 흘리며 운동하는 것을 별로 좋아한다.

(1) 어색한 이유: 부사어 '＿＿＿＿＿'와/과 서술어 '＿＿＿＿＿'이/가 호응하지 않음.

(2) 고친 문장: ＿＿＿＿＿＿＿＿＿＿＿＿＿＿＿＿＿＿＿＿＿＿＿＿

2

결과가 좋지 않더라도 결코 슬퍼하겠다.

(1) 어색한 이유: 부사어 '＿＿＿＿＿'와/과 서술어 '＿＿＿＿＿'이/가 호응하지 않음.

(2) 고친 문장: ＿＿＿＿＿＿＿＿＿＿＿＿＿＿＿＿＿＿＿＿＿＿＿＿

[3~4] 조건에 맞게 다음 문장을 고쳐 써 보세요.

3

이것은 내가 찾을 책이었다.

조건	관형어 바꾸기

⇨ ＿＿＿＿＿＿＿＿＿＿＿＿＿＿＿＿＿＿＿＿＿＿＿＿＿＿＿＿

4

예쁜 누나의 장미꽃이 창가에 놓여 있다.

조건	관형어의 위치를 이동하여 '장미꽃이 예쁘다'는 의미로 바꾸기

⇨ ＿＿＿＿＿＿＿＿＿＿＿＿＿＿＿＿＿＿＿＿＿＿＿＿＿＿＿＿

[1~3] 다음 글을 읽고, 짧은 글을 써 보세요.

> 반려동물이 우리 삶에 중요한 존재로 자리 잡으면서, 반려동물을 기르는 사람들의 수가 꾸준히 증가하고 있다. 그렇다면 우리는 반려동물을 어떻게 대해야 할까?
>
> 반려동물은 단순한 동물이 아닌 하나의 생명체임을 인식해야 한다. 우리는 반려동물과 소통하고, 그들은 우리의 감정을 느낄 수 있기에 우리도 반려동물의 감정을 존중해야 한다. ㉠또한 그들을 함부로 대하는 행동을 반드시 해서는 안 된다.
>
> 반려동물을 키우려면 큰 책임이 따른다는 것도 명심해야 한다. 기본적인 생활 습관부터 건강 관리, 사회화까지 다양한 부분에서 반려동물을 도와주어야 한다. 무엇보다 어려움이 생기더라도 포기하지 않고 끝까지 책임지는 태도가 필요하다.
>
> 반려동물은 우리에게 큰 행복을 주는 소중한 동반자다. 만약 존중과 책임감을 가지고 그들을 대한다면, ㉡우리는 반려동물과 행복했다.

1 문장의 호응이 이루어지도록 ㉠의 부사어를 알맞게 바꾸어 쓰고, 문장을 자연스럽게 고쳐 써 보세요.

(1) 부사어 바꾸기: (   ) ⇨ (   )

(2) 문장 고치기: _____

2 문장의 호응이 이루어지도록 ㉡을 고쳐 써 보세요.

⇨ _____

3 반려동물을 존중과 책임감을 가지고 대해야 하는 이유를 '왜냐하면'을 사용하여 써 보세요.

⇨ 왜냐하면 _____

3장

문장 표현 1

문장을 쓸 때는 전하고 싶은 의도와 내용, 듣는 대상, 사건이 일어난 순서 등에
따라 알맞은 종결 표현, 높임 표현, 시간 표현을 사용해야 해요.
자신의 생각을 정확하게 전달하도록 다양한 문장 표현을 익혀요.

11 평서문, 의문문, 감탄문 알기

12 명령문, 청유문 알기

13 상대 높임법 알기

14 주체 높임법, 객체 높임법 알기

15 시간 표현 알기

11 평서문, 의문문, 감탄문 알기

"오늘 행복했나요?"
누군가의 짧은 물음에 우리는 위로를 받는다.

➡️ 첫 번째 문장은 질문을 하는 의문문, 두 번째 문장은 평서문이
에요.

✏️ _____

_____

'하늘이 참 맑구나!'
평범한 하루가 있음에 감사하다.

➡️ 첫 번째 문장은 느낌을 말하는 감탄문, 두 번째 문장은 평서
문이에요.

✏️ _____

_____

😊 종결 표현은 문장을 끝맺을 때 쓰이는 표현으로, 종결 표현에 따라 문장의 의미와 종류가 달라져요. 그래서 글을 쓸
때 상황과 내용에 따라 알맞은 종결 표현을 사용해야 해요. 오늘은 평서문, 의문문, 감탄문을 알아봐요.

평서문

平 평평할 평, 敍 줄 서,
文 글월 문
평범하게 말하는 문장

말하는 사람이 듣는 사람에게 특별한 요구 없이 정보를 객관적으로 전달하는 문장을 평서문이라고 한다. 문장 부호는 마침표(.)를 쓴다.

예 밥은 숙제 먼저 끝내고 먹을게요.

예 지금 도서관에 가는 중이에요.

특징 평서문은 문장의 끝을 낮추어서 말한다. 예 밥 먹어(↘).

개념 확인 1 듣는 사람에게 정보를 객관적으로 전달하는 문장을 평서문이라고 한다. ○ X

의문문

疑 의심할 의,
問 물을 문, 文 글월 문
궁금한 것을 묻는 문장

말하는 사람이 듣는 사람에게 질문하여 대답을 요구하는 문장을 의문문이라고 한다. 문장 부호는 물음표(?)를 쓴다.

예 오늘 며칠이에요?

예 지금 밖에 눈이 내리니?

특징 의문문은 문장의 끝을 올려서 말한다. 예 밥 먹었지(↗)?

개념 확인 2 [의문문 | 평서문] 은 질문하여 대답을 요구하는 문장이다.

감탄문

感 느낄 감,
歎 탄식할 탄,
文 글월 문
느낌을 표현하는 문장

말하는 사람이 기쁨, 놀람, 슬픔 등의 느낌을 혼잣말처럼 표현하는 문장을 감탄문이라고 한다. 문장 부호는 느낌표(!)를 쓴다.

예 꽃이 아름답구나!,
꽃이 아름답네!

예 너는 참 착하구나!,
너는 참 착하군!

개념 확인 3 말하는 사람이 느낌을 혼잣말처럼 표현하는 문장을 감탄문이라고 한다. ○ X

[1~2] 보기에서 설명하는 문장의 종류를 쓰고, 제시된 단어를 사용하여 그 문장의 종류에 맞는 짧은 문장을 지어 보세요.

1

| 보기 | 질문을 하여 대답을 요구하는 문장 |

(   ) ⇨ 점심: _____

2

| 보기 | 말하는 사람이 자신의 느낌을 표현하는 문장 |

(   ) ⇨ 운동장: _____

[3~5] 다음 문장을 평서문, 의문문, 감탄문으로 바꾸어 써 보세요.

3

| 혜림이가 급식을 맛있게 먹었니? |

평서문 ⇨ _____

4

| 학교 도서관이 바뀌었다. |

의문문 ⇨ _____

5

| 지난주부터 수영을 시작했다. |

감탄문 ⇨ _____

[1~3] 다음 글을 읽고, 짧은 글을 써 보세요.

> 준수: 우리 오늘 김홍도의 「씨름」을 보고 이야기하기로 했지? 그림을 본 첫 느
> 낌이 어때?
>
> 미애: ㉠실제 눈앞에서 씨름을 하고 있는 것 같다. 주변 사람들도 내 곁에 있
> 는 듯한 느낌이야.
>
> 준수: 구경하는 사람들 표정을 봤니? 깜짝 놀란 얼굴도 있고, 입을 크게 벌린
> 사람도 있어. 또 어떤 사람은 벌써 승리를 예감한 듯 미소 짓고 있어.
>
> 미애: 진짜 생동감이 넘쳐! 입고 있는 옷의 주름까지도 마치 한 장면을 그대로
> 멈춰 놓은 것 같아. 준수야,   ㉡
>
> 준수: ㉢응, 나는 김홍도의 다른 그림도 봤어. 김홍도의 그림은 조선 시대 사람들의 삶과 문화를 생
> 생하게 표현했어. 정말 대단해.
>
> 미애: 맞아. 그의 뛰어난 관찰력과 묘사력에 박수를 쳐 주고 싶어!

▲ 김홍도, 「씨름」

1   ㉠을 보기에서 설명하는 문장으로 바꾸어 쓰세요.

> **보기**   말하는 사람이 혼잣말하듯이 자신의 느낌을 표현하는 문장으로, '-구나' 등으로 끝맺
> 는다. 문장 부호는 느낌표(!)를 사용한다.

➡ _____

2   ㉢과 같은 답이 나올 수 있게 ㉡에 들어갈 의문문을 써 보세요.

➡ _____

3   김홍도의 「씨름」을 보고 든 생각을 감탄문이나 의문문을 사용하여 간단하게 써 보세요.

➡ _____

12 명령문, 청유문 알기

누구나 힘든 순간이 온다. 그때 웃으면 손을 내밀어라. 그것이 바로 친구다.

⇨ 두 번째 문장은 행동을 요구하는 명령문이에요.

✎

오늘의 노력이 더 나은 내일을 만들어 줄 거라 믿는다. 미래를 위해서 지금 하는 일에 최선을 다하자.

⇨ 두 번째 문장은 어떤 행동을 할 것을 요청하는 청유문이에요.

✎

😊 명령문과 청유문은 종결 표현에 따라 달라지는 문장의 종류 중 하나예요. 둘 다 듣는 사람에게 요구하거나 요청하는 문장이라는 공통점이 있지만, 명령문은 요구를 강하게 지시하는 반면 청유문은 듣는 사람에게 함께 할 것을 권유하는 문장이에요. 따라서 명령문과 청유문은 의도와 맥락에 따라 구분해서 사용해야 해요.

명령문

畬 목숨 명,
令 명령할 령,
文 글월 문
무엇을 하도록 명령하
는 문장

말하는 사람이 듣는 사람에게 어떤 행동을 하도록 시키거나 요구하는 문장을 명령문이라고 한다. 문장 부호는 주로 마침표(.)를 쓴다.

(예) 이제 게임은 그만해라.

(예) 편식하지 말고 골고루 먹어라.

[특징] 명령문의 주어는 '듣는 사람'이고, 서술어는 사람이나 사물의 움직임을 나타내는 말만 사용한다. 다시 말해서 성질이나 상태를 나타내는 말은 사용할 수 없다.

(예) 정우야, 오늘부터 아파라.(X), 승연아, 오늘부터 예뻐라.(X)

개념 확인

1 듣는 사람에게 어떤 행동을 하도록 시키거나 요구하는 문장을 [명령문] [청유문] 이라고 한다.

2 명령문의 주어는 '나'이다. ◯ ✕

청유문

請 청할 청, 誘 꾈 유,
文 글월 문
같이 하기를 요청하는
문장

말하는 사람이 듣는 사람에게 어떤 행동을 함께 할 것을 요청하는 문장을 청유문이라고 한다. 문장 부호는 마침표(.)를 쓴다.

(예) 쉬는 시간이니까 축구하러 가자.

(예) 거실이 더러우니 청소하자.

[특징] 청유문의 서술어는 명령문처럼 사람이나 사물의 움직임을 나타내는 말만 사용할 수 있다.

(예) 우리 다 같이 아프자.(X), 우리 예쁘자.(X)

개념 확인

3 청유문은 듣는 사람에게 어떤 행동을 함께 할 것을 요청하는 문장이다. ◯ ✕

4 청유문의 서술어는 사람이나 사물의 움직임을 나타내는 말을 사용한다. ◯ ✕

[1~2] 다음 상황에 어울리는 문장의 종류를 <u>보기</u>에서 찾아 쓰고, 그 문장에 맞는 종결 표현을 넣어 문장을 완성해 보세요.

보기	명령문	청유문

1

친구에게 교실 바닥에 떨어진 쓰레기를 함께 주울 것을 요청할 때

(   ) ⇨ 교실 바닥이 지저분하니 _____

2

도서관에서 떠드는 동생에게 조용히 해 줄 것을 시키거나 요구할 때

(   ) ⇨ 책 읽는 데 방해가 되니 _____

[3~4] 다음 문장을 **명령문**과 **청유문**으로 바꾸어 써 보세요.

3

학교 끝나고 집에 도착하면 간식을 먹는다.

(1) 명령문 ⇨ _____

(2) 청유문 ⇨ _____

4

쉬는 시간에는 친구들과 신나게 뛰어논다.

(1) 명령문 ⇨ _____

(2) 청유문 ⇨ _____

[1~3] 다음 글을 읽고, 짧은 글을 써 보세요.

고개를 앞으로 내민 채로 오랜 시간 스마트폰이나 컴퓨터를 사용하면 우리 목이 거북목처럼 변할 수 있어요. 그러면 목과 어깨가 아프고, 두통까지 생길 수 있지요. 하지만 걱정하지 마세요. 지금부터 거북목 예방법을 알려 줄게요.

첫째, ㉠바른 자세를 유지해라.

의자에 앉을 때는 허리를 곧게 펴고, 어깨의 힘은 자연스럽게 빼 주세요. 그리고 스마트폰을 볼 때는 눈높이에 맞춰 들고 사용해요.

둘째, ㉡틈틈이 스트레칭을 해라.

30분마다 목과 어깨를 가볍게 돌려 주세요. 머리를 천천히 좌우로 기울이고, 턱을 당겨서 목을 쭉 펴 주는 동작도 좋아요.

지금부터 바로 실천할 수 있겠죠? 거북목 없는 멋진 모습, 함께 만들어 가요.

1 보기를 참고하여 ㉠과 ㉡을 바꾸어 써 보세요.

> 보기 명령문에는 듣는 사람에게 어떤 행동을 시키는 뜻이 있어서 상황에 따라 듣는 사람의 기분을 상하게 할 수 있다. 그래서 친구에게는 명령문보다 청유문을 쓰는 것이 좋다.

(1) ㉠: _____

(2) ㉡: _____

2 보기의 단어를 활용하여 이 글의 제목을 청유문으로 써 보세요.

> 보기   예방   거북목

⇨ _____

3 스마트폰이나 컴퓨터를 오래 사용하면 생길 수 있는 또 다른 문제점과 그것을 예방하는 방법을 명령문이나 청유문을 넣어 간단하게 써 보세요.

⇨ _____

_____

13 상대 높임법 알기

아이야, 독서는 사람에게 중요한 일이다. 그러니 책을 읽어라.

➡ '읽어라'는 말하는 사람이 듣는 사람을 낮추는 표현이에요.

선생님, 가슴에 심은 지혜를 싹틔워 삶의 열매를 맺으라는 가르침을 잘 기억할게요.

➡ '기억할게요'는 말하는 사람이 듣는 사람을 높이는 표현이에요.

😊 높임 표현은 말하는 사람이나 듣는 사람이 누구인지에 따라 높임의 정도를 구별하는 표현으로, 우리말의 특징 중 하나예요. 그중에서 상대 높임법은 듣는 사람의 나이와 지위에 따라 말을 높이고 낮추는 방법으로 표현할 수 있어요.

상대 높임법

相 서로 상,
對 대답할 대
서로 마주 대하는 것

말하는 사람이 듣는 사람에 따라 말을 높이거나 낮추는 것을 상대 높임법이라고 한다.

예 할아버지, 물 드세요.

예 얘, 물 먹어.

종류 상대 높임법은 문장의 끝맺음 표현을 사용하여 높임과 낮춤의 정도를 조절할 수 있으며, 격식체와 비격식체가 있다.

상대 높임법	종류	예
격식체	하십시오체(높임)	집으로 가십시오.
	하오체(높임)	집으로 가시오.
	하게체(낮춤)	집으로 가게.
	해라체(낮춤)	집으로 가라.
비격식체	해요체(높임)	집으로 가요.
	해체(낮춤)	집으로 가.

특징1 격식체는 정중한 표현으로 격식을 갖출 필요가 있을 때 사용한다. 비격식체는 친근한 표현으로 격식을 갖출 필요가 없을 때 사용한다.

특징2 듣는 사람이 말하는 사람보다 나이가 적거나 지위가 낮아도 공식적으로 말하는 상황에서는 격식체의 높임 표현을 사용한다.

예 우리 초등학교에 입학한 여러분을 환영합니다.
여러분, 지금부터 체험 학습 장소를 결정하는 학급 회의를 시작하겠습니다.

개념 확인

1 상대 높임법은 말하는 사람이 듣는 사람에 따라 말을 높이는 표현만 있다. ○ X

2 상대 높임법은 문장의 끝맺음 표현을 사용하여 높임과 낮춤의 정도를 조절할 수 있다. ○ X

3 '형, 여기 앉아요.'라고 말하는 것은 높임 낮춤 표현이다.

[1~3] 보기처럼 다음 문장에서 높임이나 낮춤의 대상을 찾아 쓰고, 높임이나 낮춤을 나타내는 끝맺음 표현도 써 보세요.

> 보기   아빠, 제가 책을 정리할게요.
>   (1) 대상: 아빠   (2) 끝맺음 표현: 정리할게요

1 얘, 배고플 텐데 많이 먹어라.

(1) 대상: (   )   (2) 끝맺음 표현 ⇨ _____

2 여러분, 모두 저를 한번 믿어 주십시오.

(1) 대상: (   )   (2) 끝맺음 표현 ⇨ _____

3 동생아, 지금 비가 오니 우산을 가지고 가.

(1) 대상: (   )   (2) 끝맺음 표현 ⇨ _____

[4~6] 보기의 문장을 듣는 사람에게 알맞은 상대 높임 표현으로 바꾸어 써 보세요.

4
> 보기   미세 먼지가 심하니 창문을 닫는다.

• 아빠가 아들에게 ⇨ _____

5
> 보기   어제는 아파서 학교에 못 왔다.

• 비격식체로 선생님께 ⇨ _____

6
> 보기   회의가 시작되어 모두 자리에 앉다.

• 학급 회의 사회자가 친구들에게 ⇨ _____

[1~3] 다음 글을 읽고, 짧은 글을 써 보세요.

> 오늘 우리 반에서 특별한 행사가 열린다. 바로 '교장 선생님과의 대화'다.
> ㉠"지금부터 '교장 선생님과의 대화'를 시작할게."
> 반장의 말이 끝나고 교장 선생님께서 교실 문을 열고 들어오셨다.
> "만나서 반갑습니다. 모두 즐거운 학교생활을 하고 있나요?"
> 교장 선생님께서는 반 친구들에게 다양한 질문을 하셨다. 마지막으로 내 옆으로 오셔서 물으셨다.
> ㉡"요즘 가장 재미있게 배우는 과목은 무엇이니?"
> "저는 다양한 글을 읽는 국어 시간이 가장 재미있습니다."
> "그렇군요. 앞으로도 열심히 공부하세요."
> 교장 선생님께서는 말씀을 마치고 교실을 나가셨다. 나는 선생님께 말했다.
> ㉢"교장 선생님 앞에서 말하려니 너무 떨렸어요."
> 선생님께서는 엄지손가락을 들어 보이며 웃으셨다. 그 순간 온몸에 긴장이 눈 녹듯이 사라졌다.

1 보기를 참고하여 ㉠과 ㉡을 알맞게 고쳐 써 보세요.

> **보기**   듣는 사람이 말하는 사람보다 나이가 적거나 지위가 낮아도 공식적으로 말하는 상황에서는 높임 표현을 사용한다.

(1) ㉠:

(2) ㉡:

2 ㉢에서 상대 높임 표현이 쓰인 부분을 쓰고, 낮춤 표현으로 바꾸어 써 보세요.

(1) 상대 높임 표현:

(2) 낮춤 표현 바꾸기:

3 '나'라면 교장 선생님 질문에 어떤 대답을 했을지 높임 표현을 사용하여 자기 생각을 써 보세요.

⇨

14 주체 높임법, 객체 높임법 알기

세종 대왕께서 발음 기관의 모양을 본떠서 자음을 만드셨다. 한글은 과학적으로 만든 글자다.

➡️ '께서', '만드셨다'는 문장의 주어인 '세종 대왕'을 높이는 주체 높임법이에요.

✏️
_____

_____

편리하고 독창적인 한글을 만드신 세종 대왕께 한글을 올 바르게 사용하는 모습을 보여 드리자.

➡️ '께', '드리자'는 문장의 부사어인 '세종 대왕'을 높이는 객체 높임법이에요.

✏️
_____

_____

😊 높임 표현에는 상대 높임법 이외에도 문장의 주어를 높이는 주체 높임법, 서술의 대상인 목적어나 부사어를 높이는 객체 높임법이 있어요. 다양한 높임 표현을 알면 글 속에서 사람들의 관계가 어떠한지 알 수 있어요.

주체 높임법

主 주인 주, 體 몸 체
문장의 주어

문장의 주어를 높이는 표현 방법을 주체 높임법이라고 한다.

[특징1] 문장의 주어에 '께서'를 붙이고, 서술어에 '-시-'를 넣어 높임의 뜻을 나타낸다.

예 아버지가 책을 읽는다.
　→ 아버지께서 책을 읽으신다.

예 어머니가 노래를 부른다.
　→ 어머니께서 노래를 부르신다.

[특징2] 높임을 나타내는 단어를 사용한다.

예 자다 → 주무시다, 먹다 → 잡수시다(드시다), 있다 → 계시다, 아프다 → 편찮다

[특징3] 문장의 주어와 관계가 있는 대상(신체, 물건)을 높이면 주어를 간접적으로 높일 수 있다.

예 할머니는 귀가 밝다. → 할머니는 귀가 밝으시다. (할머니의 귀를 높임.)
　할아버지는 발이 크다 → 할아버지는 발이 크시다. (할아버지의 발을 높임.)

개념 확인　**1** 문장의 주어를 높이는 표현 방법을 [주체 높임법] [상대 높임법] **이라고 한다.**

객체 높임법

客 손님 객, 體 몸 체
서술의 대상

문장에서 서술의 대상인 목적어나 부사어를 높이는 표현 방법을 객체 높임법이라고 한다.

[특징1] 문장의 부사어에 '께'를 붙여서 높임의 뜻을 나타낸다.

[특징2] 높임을 나타내는 단어를 사용한다.

예 주다 → 드리다, 데리다 → 모시다, 보다 → 뵈다, 묻다 → 여쭈다

예 나는 할머니를 만나러 갑니다.
　→ 나는 할머니를 뵈러 갑니다.

예 나는 할머니에게 물을 주었다.
　→ 나는 할머니께 물을 드렸다.

개념 확인　**2** 객체 높임법은 문장에서 서술어의 대상인 주어만 높이는 표현 방법이다. [○] [×]

[1~3] 다음 문장을 읽고, 높임의 대상과 높임 표현의 종류를 쓰세요.

1 삼촌은 큰 걱정거리가 있으시다.

(1) 높임 대상: (　　　　　　　)　　(2) 높임 표현 종류: (　　　　　　　　)

2 할아버지께서 시장에서 돌아오셨다.

(1) 높임 대상: (　　　　　　　)　　(2) 높임 표현 종류: (　　　　　　　　)

3 나는 선생님께 선물과 편지를 드렸다.

(1) 높임 대상: (　　　　　　　)　　(2) 높임 표현 종류: (　　　　　　　　)

[4~5] 다음 대화 상황에 어울리는 높임 표현을 보기에서 찾아 쓰세요.

보기	께	께서	드려요	모시러	크시구나	가셨어요

4

엄마: 민지야, 집에 웬 떡이 있니?

민지: 옆집 할머니 (1) _____ 주시고 (2) _____ .

엄마: 떡이 많은 걸 보니, 할머니께서 손이 (3) _____ .

5

여울: 아빠, 오늘 학교에서 만든 이 꽃다발을 퇴원하는 할아버지 (1) _____

선물로 (2) _____ .

아빠: 그래. 병원에 (3) _____ 갈 때 가져가자.

[1~3] 다음 글을 읽고, 짧은 글을 쓰세요.

지난 주말, 나는 아빠와 공원에 갔다. 하늘이 맑고 바람도 적당해서 운동하기 좋은 날이었다. 나와 아빠는 배드민턴 시합을 했다. 아빠는 내가 하는 공격을 모두 받아 냈고, 나는 몇 번이나 셔틀콕을 떨어뜨려 점수를 내지 못해 짜증이 났다.

"조금만 더 연습해 보면 분명 너도 점수를 낼 수 있을 거야. 그리고 배드민턴이 주는 선물도 받고 말이야."

"무슨 선물이요?"

"배드민턴을 치면 얻게 되는 선물은 바로 건강이지. 할아버지께서 예전부터 배드민턴을 즐겨 치셨어. 그래서 ㉠연세에 비해 훨씬 건강하단다."

아빠의 말씀을 듣고 시합을 이어 갔다. 결국 아빠를 상대로 점수를 낼 수 있었다. 그 순간 세상을 다 가진 듯이 무척 기뻤다. 또 몸에서 활기가 느껴졌다.

㉡"할아버지 [   ] 배드민턴을 [   ] 이유를 알 것 같아요."

나는 땀을 닦으며, 다음에도 아빠와 배드민턴을 쳐야겠다고 생각하였다.

1 ㉠을 높임 표현에 맞게 고쳐 써 보세요.

⇨ _____

2 ㉡의 빈칸에 들어갈 알맞은 높임 표현을 보기에서 찾아 쓰세요.

보기	가	께서	치는	치시는

⇨ 할아버지 [   ] 배드민턴을 [   ] 이유를 알 것 같아요.

3 다음 보기의 상황에 알맞은 높임 표현을 사용하여 문장을 써 보세요.

> 보기   아빠에게 이번 주말에 할아버지와 같이 배드민턴을 치자고 말한다.

⇨ 아빠, _____

15 시간 표현 알기

과거에 했던 실패는 내일의 성공을 위한 밑바탕이 될 것이다.

➡ '과거', '했던'은 과거를 나타내는 표현, '내일', '될 것이다'는 미래를 나타내는 표현이에요.

_____

_____

행복을 찾아 헤매는 것은 시간을 낭비하는 일이다. 행복은 바로 지금 우리 마음속에 있다.

➡ '일이다', '지금', '있다'는 현재를 나타내는 표현이에요.

_____

_____

😊 글을 쓸 때 이미 발생한 이야기나 지금 발생한 이야기, 또는 아직 발생하지 않은 이야기를 써야 할 경우, 우리는 과거, 현재, 미래라는 시간 표현을 사용할 수 있어요. 시간 표현을 활용하면 상대방이나 읽는 사람에게 말하고 싶은 내용이 언제 발생한 이야기인지 잘 전달할 수 있어요.

과거

過 지날 과, 去 갈 거
지나간 것

사건이 일어난 때가 말하는 때보다 앞선 시간 표현을 과거라고 한다.

특징1 서술어에 '-았-/-었-', '-더-', '-던'을 붙여서 표현한다.

예 망원경으로 새를 보았다. / 나는 밥을 먹었다. / 꽃이 피더라. / 아름답던 노을이 떠올랐다.

특징2 '어제', '옛날', '지난', '작년' 등 과거를 나타내는 말을 사용하여 표현한다.

예 어제 사거리에서 큰 교통사고가 났다. / 작년 겨울에는 많은 눈이 내렸다.

개념 확인 **1** 과거는 사건이 일어난 때가 말하는 때보다 앞선 시간 표현이다. ○ ✕

현재

現 나타날 현,
在 있을 재
지금의 시간

사건이 일어난 때와 말하는 때가 같은 시간 표현을 현재라고 한다.

특징1 서술어가 움직임을 나타내는 말이면 서술어에 '-ㄴ/-는-'을 붙이고, 상태나 성질을 나타내는 말이면 모양 변화 없이 그대로 사용하여 표현한다.

예 나는 학교에 간다. / 친구들과 물고기를 잡는다. / 해가 참 밝다.

특징2 '지금', '현재', '오늘' 등 현재를 나타내는 말을 사용하여 표현한다.

예 아빠와 나는 지금 시장으로 간다. / 오늘은 몸이 덜 아프다.

개념 확인 **2** 현재는 사건이 일어난 때가 말하는 때보다 나중인 시간 표현이다. ○ ✕

미래

未 아닐 미, 來 올 래
아직 오지 않은 것

사건이 일어난 때가 말하는 때보다 나중인 시간 표현을 미래라고 한다.

특징1 서술어에 '-겠-', '-(으)ㄹ 것'을 붙여서 표현한다.

예 오후까지 청소를 끝내겠습니다. / 엄마와 함께 영화를 보러 갈 것이다.

특징2 '내일', '모레', '내년', '다음 주' 등 미래를 나타내는 말을 사용하여 표현한다.

예 내일 비가 많이 내릴 거야. / 내년에는 미국으로 여행을 갈 것이다.

개념 확인 **3** '내일', '모레'는 미래를 나타내는 말에 해당하지 않는다. ○ ✕

[1~2] 다음 문장에서 시간을 나타내는 말에 O표 하고, 보기의 시간 표현 중 알맞은 것을 찾아 쓰세요.

보기	과거	현재	미래

1 오늘 아침 공기가 유난히 상쾌하다. ⇨ (   )

2 수영이는 어제 재미있는 동화책을 읽었다. ⇨ (   )

[3~5] 다음 문장에 들어갈 서술어를 보기에서 찾아 시간 표현에 맞게 고쳐 써 보세요.

보기	자다	가다	이루다

3 우리 가족은 지난주에 여행을 _____.

4 지금 아기 고양이는 새근새근 잠을 _____.

5 공부를 열심히 해서 먼 훗날 내 꿈을 꼭 _____.

6 다음 문장을 보기에 사용된 것과 같은 시간 표현으로 바꾸어 써 보세요.

보기	나는 지우개를 잃어버렸다.

(1) 나는 동생과 함께 축구를 한다. ⇨ _____

(2) 학생들은 도서관에서 책을 읽는다. ⇨ _____

[1~3] 다음 글을 읽고, 짧은 글을 써 보세요.

> ### 우리는 날씨를 어떻게 알 수 있을까?
>
> ㉠<u>옛날에는</u> 사람들이 자연 현상을 보며 날씨를 <u>예측할 것이다</u>. 바닷가 근처에서는 바람의 방향과 파도의 높이를 보고 폭풍이 올지 짐작하였고, 농촌에서는 개미가 집을 높이 쌓으면 비가 올 것이라고 여겼다. 또 저녁노을이 붉으면 다음 날 날씨가 좋을 것이라고 [㉮].
>
> 과학 기술이 발전한 ㉡<u>오늘날,</u> 우리는 더 정확하게 날씨를 <u>예측했다</u>. 인공위성을 이용해 구름의 움직임을 관찰하고, 슈퍼컴퓨터로 기온, 강수량, 바람 등의 데이터를 분석하여 앞으로의 날씨를 예측할 수 있게 된 것이다.
>
> ㉢<u>미래에는</u> 날씨 예측 기술이 더욱 <u>발전한다</u>. 인공 지능(AI)이 방대한 기상 정보를 분석해 더욱 정밀하게 날씨를 예측할 것이다. 또 작은 기상 센서가 공기 중의 변화를 실시간으로 측정하여 갑작스러운 태풍이나 홍수를 미리 알려 [㉯].

1 글의 흐름에 맞게 ㉠~㉢을 알맞은 시간 표현으로 고쳐 써 보세요.

(1) ㉠: _____

(2) ㉡: _____

(3) ㉢: _____

2 ㉮와 ㉯의 빈칸에 들어갈 알맞은 말을 보기에서 각각 찾아 쓰세요.

보기	준다	생각했다	줄 것이다	생각할 것이다

(1) ㉮: (   )   (2) ㉯: (   )

3 날씨 예측 방법의 발달로 미래의 우리는 어떻게 생활하게 될지 간단하게 써 보세요.

⇨ _____

_____

문장 표현 2

문장 표현에는 주어가 행동을 당하는 피동 표현, 행동을 시키는 사동 표현, 그리고 문장의 전체나 일부를 부정하는 부정 표현도 있어요. 같은 뜻을 반복하는 중복 표현과 두 가지 이상으로 해석되는 중의적 표현은 문법적으로 올바르지 않으므로 사용하지 않아야 해요.

16 부정 표현 알기

17 능동 표현, 피동 표현 알기

18 주동 표현, 사동 표현 알기

19 중복 표현 고쳐쓰기

20 중의적 표현 피하기

16 부정 표현 알기

후회 없는 삶을 살고 싶다면, 하지 못한 일보다 하지 않은 일에 대한 후회를 줄여야 한다.

➡️ '하지 못한'은 '못' 부정 표현, '하지 않은'은 '안' 부정 표현이에요.

✏️

내가 모르는 것을 두려워하지 말라. 거짓을 말하는 사람을 두려워하라.

➡️ 첫 번째 문장은 명령문으로, 명령문에는 '말다' 부정 표현을 사용해요.

✏️

😊 부정 표현은 어떤 사실에 대한 부정의 뜻을 나타내기 위해 사용하는 표현이에요. '안'과 '못', '않다'와 '못하다'를 이용하여 부정 표현을 만들 수 있어요. 명령문과 청유문은 '말다'를 사용하지요. 이렇게 부정 표현을 사용한 문장을 부정문이라고 해요.

'안' 부정 표현

좀 아닐부, 定 정할정
정해지지않음

문장에서 어떤 상태를 단순히 부정하거나, 문장 속의 주어가 의지를 가지고 부정하는 것을 '안' 부정 표현이라고 한다.

> **종류** '안'을 사용하는 짧은 부정문과 '-지 않다'를 사용하는 긴 부정문이 있다.
>
> **예** 나는 친구에게 걸려 온 전화를 <u>안</u> 받았다. → 짧은 부정문
> = 나는 친구에게 걸려 온 전화를 <u>받지 않았다</u>. → 긴 부정문
> (내 의지로 받기 싫어서 친구 전화를 받지 않았음을 의미함.)

개념 확인 1 문장 속 주어의 의지로 부정을 표현한 것을 (안 | 못) 부정 표현이라고 한다.

'못' 부정 표현

문장 속 주어의 능력이 부족하거나 외부의 원인으로 인해 부정을 표현한 것을 '못' 부정 표현이라고 한다.

> **종류** '못'을 사용하는 짧은 부정문과 '-지 못하다'를 사용하는 긴 부정문이 있다.
>
> **예** 나는 친구에게 걸려 온 전화를 <u>못</u> 받았다. → 짧은 부정문
> = 나는 친구에게 걸려 온 전화를 <u>받지 못했다</u>. → 긴 부정문
> (다른 일을 하고 있었거나 전화를 받기 전에 끊어지는 등 나의 능력이나 외부 원인으로 인해 전화를 받지 못했음을 의미함.)

개념 확인 2 '못' 부정 표현은 외부의 원인으로 인한 부정을 표현한 것이다. (○ | X)

'말다' 부정 표현

명령문과 청유문에서는 서술어에 '-지 말다'를 사용하는 '말다' 부정 표현을 사용한다.

예 명령문: 이제 싸우지 마라.

예 청유문: 우리 싸우지 말자.

개념 확인 3 명령문과 청유문은 '말다'를 사용하여 부정을 표현한다. (○ | X)

[1~3] 다음 문장의 빈칸에 들어갈 말을 골라 ○표 하고, 이를 긴 부정문으로 바꾸어 써 보세요.

1

동생의 코 고는 소리에 나는 잠을 (   ) 잤다.

안 | 못 ⇨ _____

2

정우는 단것을 싫어해서 사탕을 (   ) 먹었다.

안 | 못 ⇨ _____

3

지연이는 팔이 아파서 강아지를 (   ) 안았다.

안 | 못 ⇨ _____

[4~5] 보기를 읽고 부정 표현을 사용하여 이야기의 뒷부분을 완성해 보세요.

> **보기**   경호는 아빠에게 칭찬 스티커 10장을 모으면 놀이공원에 데려가 달라고 했다. 아빠는 흔쾌히 수락했다. 노력 끝에 경호는 칭찬 스티커를 10장 모았고, 이번 토요일에 놀이공원에 가기로 했다. 기분이 좋은 경호는 거실에서 쿵쿵거리며 뛰어다녔다.

4   아빠는 경호에게 거실에서 뛰어다니지 _____고 말씀하셨다.

5   경호는 이제 거실에서 _____ 뛰겠다고 말씀드렸다.

[1~3] 다음 글을 읽고, 짧은 글을 써 보세요.

　　최근 끊임없이 몰려드는 관광객들로 인해 자연환경과 시설이 파괴되는 관광지가 늘고 있다. 이 문제를 해결하기 위해 세계 각지는 물론 국내에서도 관광세를 도입하고 있어 주목된다. 관광세란 관광객에게 부과되는 세금이다. 그렇다면 왜 관광세를 도입하는 것일까?

　　관광지는 그냥 유지되지 ⃞ ㉠ ⃞. 많은 관광객이 방문하면 도로나 화장실 같은 시설이 빨리 낡게 된다. 예산을 얻기 위한 관광지의 노력에도 불구하고 다른 원인으로 인해 충분한 예산을 확보하지 ⃞ ㉡ ⃞ 관광지의 시설 관리에 어려움이 있으므로 관광세로 예산을 마련해야 한다. 관광세가 없다면 그 지역 주민들의 세금으로만 관광지를 유지해야 한다. 그러면 지역 주민의 부담은 커지고, 이들을 위해 써야 할 세금이 줄어들어 생활에 불편함을 겪을 것이다.

　　이제 관광세를 도입하시 않으면 관광지는 유지되기 어렵다. 오히려 관광세 덕분에 더욱 쾌적하고 안전한 여행을 할 수 있을 것이다. 관광객과 지역 주민 모두가 만족할 수 있도록, 관광세를 꼭 도입해야 한다.

1 **보기를 참고하여 ㉠과 ㉡에 들어갈 부정 표현을 쓰세요.**

> **보기**　　'안'은 단순 부정이나 주체의 의지에 따른 부정을, '못'은 주체의 능력 부족이나 외부의 원인에 따른 부정을 나타낸다.

(1) ㉠: (　　　　　　　　　　　)　　　　(2) ㉡: (　　　　　　　　　　　)

2 **다음은 이 글의 주장을 반박하는 글입니다. 다음 글에서 부정 표현이 잘못 사용된 문장을 찾아 고쳐 써 보세요.**

> 　　돈을 내지 않으면 관광지에 갈 수 없다는 것은 적절하지 않다. 그러므로 관광객들에게 관광세를 부과해서는 못 된다.

⇨ _____

3 **관광세 도입에 대한 자신의 생각을 부정 표현을 활용하여 간단하게 써 보세요.**

⇨ _____

_____

17 능동 표현, 피동 표현 알기

무심코 던진 말에 베인 마음의 상처는 쉽게 잊히지 않는다.

➡ '베인', '잊히지'는 주어가 행동을 당하게 되는 것을 나타낸 피동 표현이에요.

✎ _____

_____

활시위는 당겨졌다. 과녁을 향해 날아가는 화살처럼 이제는 묵묵히 앞으로 나가자.

➡ '당겨졌다'는 피동 표현, '나가자'는 주어가 행동을 하는 것을 나타낸 능동 표현이에요.

 _____

_____

😊 주어가 제힘으로 동작이나 행위를 하는 것을 나타낼 때는 능동 표현을 사용하고, 주어가 남의 행동으로 어떤 동작이나 행위를 하게 되는 것을 나타낼 때는 피동 표현을 써요. 특별한 의도가 없이 피동 표현을 사용하는 것은 잘못된 표현이므로 주의해야 해요.

능동 표현과 피동 표현

能 능할 능,
動 움직일 동
스스로 움직이는 것

被 입을 피,
動 움직일 동
움직임을 당하는 것

[능동 표현과 피동 표현]

능동 표현	피동 표현
문장 속 주어가 자신의 힘으로 행동하는 것을 나타내는 표현	문장 속 주어가 다른 주체에 의해서 행동을 당하게 되는 것을 나타내는 표현

예 경찰이 도둑을 쫓는다.	예 도둑이 경찰에게 쫓긴다.

[피동 표현 만들기]

특징1 능동 표현을 피동 표현으로 바꾸면 문장 성분에 변화가 일어난다.

예 (능동) 경찰이 도둑을 쫓는다. → (수동) 도둑이 경찰에게 쫓긴다.
　　　　주어　목적어　　　　　　　　주어　부사어

특징2 서술어의 모양이 바뀐다.

'-이-, -히-, -리-, -기-' 붙이기	'-아/-어지다', '-되다' 붙이기
예 쏘다 - 쏘이다, 잡다 - 잡히다, 풀다 - 풀리다, 쫓다 - 쫓기다	예 만들다 - 만들어지다, 이루다 - 이루어지다, 사용하다 - 사용되다

주의 피동 표현을 두 번 사용하는 것은 문법에 어긋나기 때문에 사용해서는 안 된다.

예 벌침이 나를 쏘았다. → 나는 벌침에 쏘였다. (○)
　　　　　　　　　　　 → 나는 벌침에 쏘여졌다. (X)
　　　　　　　　　　　　　　　　쏘이다+어지다

개념 확인

1 자신의 힘으로 행동하는 것을 나타내는 표현은 (능동 / 피동) 표현이라고 한다.

2 피동 표현은 주어가 다른 주체에 의해서 행동을 당하게 된 것을 나타낸 표현이다. (○ / X)

1 다음 문장이 능동 표현이면 '능', 피동 표현이면 '피'라고 쓰세요.

(1) 나는 신발끈을 풀었다. (   )

(2) 마당이 함박눈으로 덮혔다. (   )

(3) 아빠는 물을 냉장고에 넣었다. (   )

2 보기의 방법을 사용하여 다음 문장을 피동 표현으로 바꾸어 써 보세요.

> 보기   '-이-, -히-, -리-, -기-' 붙이기

(1) 벌이 동생을 쏘다. ⇨ 동생이 벌에 _____.

(2) 사냥꾼이 토끼를 잡다. ⇨ 토끼가 사냥꾼에게 _____.

(3) 독수리가 병아리를 쫓다. ⇨ 병아리가 독수리에게 _____.

(4) 강아지가 발가락을 물다. ⇨ 발가락이 강아지에게 _____.

[3~5] 다음 능동 표현을 피동 표현으로 바꾸어 써 보세요.

3 사람들이 꽃을 꺾었다. ⇨ _____

4 엄마가 아기를 안았다. ⇨ _____

5 오빠가 내 발을 밟았다. ⇨ _____

[1~3] 다음 글을 읽고, 짧은 글을 써 보세요.

사라지는 마을들

　지방 소멸은 낮은 출생률과 고령화, 젊은 세대의 이탈 등으로 지역의 인구가 급격히 감소하면서 지역이 사라질 위기에 처하는 것이다. 우리나라의 많은 지역에서 지방 소멸 문제가 점점 심각해지고 있다.

　이 문제가 발생하는 이유는 젊은 사람들이 일자리나 편리한 생활 등을 이유로 지방을 떠나기 때문이다. 젊은 사람들이 떠나는 모습을 보는 ㉠지역 사회의 눈에는 눈물이 맺혀지지만 딱히 해결할 방법이 없는 상황이다. 전문가들은 이 상태가 계속되면 앞으로 수십 개의 마을이 사라질 것이라 말한다.

　정부에서는 이 문제를 해결하기 위해서 지방에 ㉡더 많은 일자리가 만들어지고, 주거 환경을 개선하는 정책을 추진하고 있다. 그리고 학교와 병원 같은 시설들을 유지하기 위한 노력도 기울이고 있다.

　지방 소멸은 지역 사회의 붕괴로 이어질 수 있는 심각한 문제이다. 우리 모두 이 문제에 관심을 가지고, 지방을 살리기 위한 방법을 찾기 위해 노력해야 한다.

1 **보기**를 읽고 ㉠을 알맞게 고쳐 써 보세요.

> **보기** 　'보여지다'와 '잊혀지다'는 '보이다', '잊히다'라는 피동 표현에 '-어지다'까지 붙은 이중 피동 표현으로 잘못된 표현이다. 따라서 '보여지다'와 '잊혀지다'는 '보이다'와 '잊히다'로 써야 한다.

➡ _____

2 ㉡을 **보기**에서 설명하고 있는 문장으로 바꾸어 써 보세요.

> **보기** 　　　문장 속 주어가 자신의 힘으로 행동하는 것을 나타내는 표현

➡ _____

3 지방 소멸 문제에 대한 자신의 생각을 능동 표현을 활용하여 간단하게 써 보세요.

➡ _____

18 주동 표현, 사동 표현 알기

처마 끝에서 빗방울 떨어지는 소리가 복잡한 마음을
잠재운다.

⇨ '잠재운다'는 '잠잔다'의 사동 표현으로 행동을 하도록 시킨다는 의미가 있어요.

창문을 열자 시원한 공기가 들어온다. 그 공기는 마음
을 새롭게 한다.

⇨ '새롭게 한다'는 '새롭다'의 사동 표현이에요.

😊 문장에서 주어와 동작이 어떤 관계에 있느냐에 따라 표현이 달라져요. 주어가 동작을 하면 주동 표현이고, 남에게 그 동작을 시키면 사동 표현이라 해요. 주어의 의도와 맥락에 맞게 주동 표현과 사동 표현을 구분해서 사용해야 해요.

주동 표현과 사동 표현

主 주인 주,
動 움직일 동
주체가 되어 움직이는 것

使 부릴 사,
動 움직일 동
남을 시키는 것

[주동 표현과 사동 표현]

주동 표현	사동 표현
문장 속 주어가 스스로 행동하는 것을 나타내는 표현	문장 속 주어가 남에게 행동하도록 시키는 것을 나타내는 표현
 예 동생이 밥을 먹는다.	 예 나는 동생에게 밥을 먹인다.

[사동 표현 만들기]

특징1 주동 표현을 사동 표현으로 바꾸면 문장 성분에 변화가 일어난다.

예 (주동) 아이가 옷을 입는다. → (사동) 아빠가 아이에게 옷을 입힌다.
　　　　주어　목적어　　　　　　　새로운 주어　부사어　목적어

특징2 서술어의 모양이 바뀐다.

'-이-, -히-, -리-, -기-, -우-, -구-, -추-' 붙이기	'-시키다', '-게 하다' 붙이기
예 얼다 - 얼리다, 남다 - 남기다, 비다 - 비우다, 늦다 - 늦추다	예 감동 - 감동시키다, 성공 - 성공시키다, 입다 - 입게 하다, 먹다 - 먹게 하다

예 선생님께서 종을 울린다. ・ 예 난롯불이 얼음을 녹인다. ・ 예 엄마는 나에게 단단한 얼음을 부수게 했다.

주의 사동 표현을 두 번 사용하는 것은 문법에 어긋나기 때문에 사용해서는 안 된다.

예 아이가 밥을 먹는다. → 엄마가 아이에게 밥을 먹인다. / 먹게 한다. / 먹게 시킨다.
　　　　　　　　　　　　→ 엄마가 아이에게 밥을 먹이게 한다. (X)
　　　　　　　　　　　　→ 엄마가 아이에게 밥을 먹이게 시킨다. (X)

개념 확인

1 자신의 힘으로 동작이나 행위를 하는 것을 나타내는 표현은 　주동　｜　사동　 표현이라고 한다.

2 사동 표현은 주어가 다른 주체에 의해서 행동을 당하게 된 것을 나타낸 표현이다. 　○　｜　X

1 다음 문장이 주동 표현이면 '주', 사동 표현이면 '사'라고 쓰세요.

(1) 친구가 그림을 그린다. (   )

(2) 그녀는 차를 멈추게 했다. (   )

(3) 우리는 종이 비행기를 하늘로 날렸다. (   )

2 보기를 참고하여 다음 문장을 사동 표현으로 바꾸어 써 보세요.

> 보기   '-이-, -히-, -리-, -기-, -우-, -구-, -추-' 붙이기

(1) 고드름이 녹다. ⇨ 햇빛이 고드름을 _____ .

(2) 아이의 잠이 깨다. ⇨ 엄마가 아이의 잠을 _____ .

(3) 아기가 옷을 입다. ⇨ 아빠가 아기에게 옷을 _____ .

[3~4] 보기를 참고하여 다음 문장을 사동 표현으로 바꾸어 써 보세요.

> 보기   아기가 옷을 입었다.
> → (주어: 할머니가, '-게 하다' 사용) 할머니가 아기에게 옷을 입게 했다.

3 동생이 우유를 먹었다.

⇨ (주어: 아빠가, '-게 하다' 사용) _____

4 선수가 경기에서 탈락했다.

⇨ (주어: 심판이, '-시키다' 사용) _____

[1~3] 다음 글을 읽고, 짧은 글을 써 보세요.

> 우리 주변의 물질은 세 가지 상태로 존재한다. 물처럼 액체인 것, 얼음처럼 단단한 고체, 그리고 공기처럼 보이지 않는 기체가 있다. 그리고 세 가지 상태는 변할 수 있다.
>
> ㉠햇빛이 얼음을 녹인다. 그러면 얼음은 물이 되는데, 고체에서 액체로 변하는 것을 '녹는다'고 한다. 액체에서 기체로 변하는 것은 ㉮'증발'이다. 같은 원리로 ㉡햇볕이 빨래를 말린다. 뜨거운 태양 아래에서 물이 수증기로 변해 증발하면서 빨래가 마르는 것이다. 기체에서 다시 액체로 변하는 것은 ㉯'응결'이다. ㉢차가운 컵에 물이 찬다. 그러면 컵 표면에 작은 물방울이 맺히는데, 공기 중의 수증기가 차가운 컵과 만나 물로 변한 것이다. 액체에서 고체로 변하는 것을 ㉰'응고'라고 한다. 겨울에 물웅덩이가 얼어 얼음이 되는 것이 바로 응고 현상이다.
>
> 이처럼 물질은 열을 주고받으면서 상태가 변한다. 고체, 액체, 기체는 상태 변화를 하며 우리 생활에 영향을 끼치고 있다.

1 ㉠과 ㉡을 주동 표현으로 바꾸어 써 보세요.

(1) ㉠: _____

(2) ㉡: _____

2 ㉢을 문맥에 맞게 사동 표현으로 바꾸어 써 보세요.

차가운 컵에 물이 찬다. ⇨ _____

3 ㉮~㉰ 중 한 가지를 골라 우리 주변에서 그러한 현상이 나타나는 예를 사동 표현을 활용하여 써 보세요.

⇨ _____

_____

19 중복 표현 고쳐쓰기

대한민국을 응원하는 사람들의 함성이 공간을 가득 채운다.

➡ 흔히 '함성 소리', '빈 공간'이라는 표현을 써요. '함성 소리'에서 '함성'과 '소리', '빈 공간'에서 '빈'과 '공간'은 중복 표현이라 함께 사용하면 안 돼요.

✏️
_____

_____

떨어지는 나뭇잎이 땅으로 들어간다. 낙엽은 다시 꽃이 될 봄을 준비하는 것이다.

➡ '낙엽'은 '떨어지는 나뭇잎'이라는 뜻이에요. 따라서 '떨어지는 낙엽'으로 사용하면 안 돼요.

✏️
_____

_____

😊 우리말은 한 문장 안에서 중복 표현을 사용해서는 안 돼요. 그래서 글을 쓸 때 중복 표현을 알고 사용하지 않는 노력이 필요해요.

중복 표현

重 무거울 중,
複 겹옷 복
같은 뜻이 겹침

문장 속에서 뜻이 비슷한 단어를 사용하는 것을 중복 표현이라고 한다.

주의 중복 표현은 주로 한자어의 뜻을 이해하지 못하여 발생하는 경우가 많다. 문장에서는 중복되는 표현은 사용하지 않아야 한다.

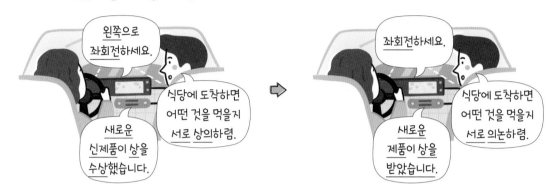

고쳐쓰기 1 왼쪽으로 좌회전하세요: '좌회전'은 左(왼 좌)를 사용하여 '왼쪽으로 돌라.'는 뜻이 있다. 따라서 '왼쪽으로 도세요.' 또는 '좌회전하세요.'라고 써야 한다.

고쳐쓰기 2 새로운 신제품: '신제품'은 新(새 신)을 사용하여 '새롭다'는 뜻이 있다. 따라서 '새로운 제품' 또는 '신제품'이라고 써야 한다.

고쳐쓰기 3 상을 수상했습니다: '수상'은 受(받을 수), 賞(상줄 상)을 사용하여 '상을 받음.'이라는 뜻이 있다. 그래서 '상을 받았습니다.' 또는 '수상했습니다.'로 써야 한다.

고쳐쓰기 4 서로 상의하렴: '상의'는 相(서로 상)을 사용하여 '서로 의논함.'이라는 뜻이 있다. 그래서 '서로 의논하렴.' 또는 '상의하렴.'으로 써야 한다.

[자주 틀리는 중복 표현]

중복 표현	올바른 표현
돈을 송금하다	돈을 보내다, 송금하다
미리 예습하다	미리 공부하다, 예습하다
과반수 이상이 찬성	과반수가 찬성, 절반 이상이 찬성
남은 여가	여가, 남은 시간
방학 기간 동안	방학 기간, 방학 동안

개념 확인

1 문장 속에서 뜻이 비슷한 단어를 사용하는 것을 [중복] [부정] 표현이라고 한다.

2 글을 쓸 때 중복 표현 사용을 권장한다. (○) (X)

[1~3] 보기처럼 다음 문장에서 의미가 중복되는 부분을 찾아 쓰세요.

> **보기** 주말이 되면, 가까운 근교로 소풍 가는 사람들이 많다. (가까운, 근교)

1 우리 가족은 매주 토요일 날 저녁 함께 외식을 한다. (,   )

2 미리 예습을 하면 수업 내용을 더 잘 이해할 수 있다. (,   )

3 가끔은 사람 없는 무인도에서 혼자 살고 싶을 때가 있다. (,   )

[4~6] 보기를 참고하여 중복 표현이 없도록 다음 문장을 고쳐 써 보세요.

> **보기** 학생들이 남은 여가를 잘 쓸 수 있도록 지도해야 한다.
> ⇨ 학생들이 여가를 잘 쓸 수 있도록 지도해야 한다.

4 우리 반 친구들의 과반수 이상이 그 의견에 찬성했다.

⇨ _____

5 엄마는 나에게 매달 돈을 송금한다.

⇨ _____

6 땀을 흘리는 동생에게 찬 냉수를 갖다주었다.

⇨ _____

[1~3] 다음 글을 읽고, 짧은 글을 써 보세요.

올해 여름 방학에 우리 가족은 제주도에 있는 삼촌 집을 방문했다. 오랜만에 가는 제주도라 설레는 마음이 가득했다. 제주도로 가는 비행기 창문 밖으로 넓은 바다를 볼 수 있었다. 우리 가족은 한 시간 정도 비행기를 타고 공항에 도착했고, 삼촌께서 우리를 반갑게 맞아 주셨다.

삼촌 집에 도착하자마자 우리는 짐을 풀었다. 그리고 감귤나무가 있는 마당에서 고기를 구워 먹으며 놀았다.

다음 날, 우리는 해변으로 갔다. 그곳에서 나는 동생과 함께 물놀이를 즐겼다. 이후 말도 타고 신비한 동굴도 가는 등 신나게 놀았다. 제주도에서 보낸 시간은 즐거웠다.

㉠"다시 또 올게요."

돌아오는 날 삼촌과 숙모에게 인사하며 아쉬운 마음으로 삼촌 집을 나섰다. 겨울 방학에도 꼭 다시 방문하고 싶다.

1 보기를 참고하여 ㉠을 알맞게 고쳐 써 보세요

> 보기　중복 표현은 문장 속에서 뜻이 비슷한 단어를 사용하는 것으로 문장의 명확성과 효율성을 떨어뜨린다. 그래서 글을 쓸 때 중복 표현을 사용하지 않도록 해야 한다.

⇨ _____

2 다음은 이 글을 읽고 학생들이 나눈 대화입니다. 다음 대화에서 중복 표현을 사용한 친구의 이름을 쓰고, 문장을 알맞게 고쳐 써 보세요.

> **한별**: 나도 지난 여름 방학 기간 동안 사촌들과 함께 제주도에 갔다 왔어.
> **태영**: 바다가 정말 아름답지? 맑은 바다에서 수영한 일이 아직도 생생해.

(　　　　　　　) ⇨ _____

3 여행을 다녀온 경험을 떠올려 그곳의 특징과 생각이나 느낌을 중복 표현에 주의하여 써 보세요.

⇨ _____
_____

중의적 표현 피하기

봄비가 많이 내리면 사람들의 손이 커져 인심이 후해졌다고 한다.

➡ '손이 크다'는 '사람의 손이 크다'와 '씀씀이가 크다' 두 가지로 해석할 수 있으므로, 좀 더 구체적으로 써 주는 게 좋아요.

_____

_____

모자의 예쁜 장식은 모자의 완성도를 높여 준다.
올바른 문법을 사용하면 글의 완성도가 높아진다.

➡ '예쁜 모자의 장식'으로 쓰면 '예쁜'이 꾸며 주는 것이 '모자'인지 '모자의 장식'인지 알기 어려워요.

_____

_____

😊 중의적 표현은 두 가지 이상의 뜻으로 해석되기 때문에 의미를 정확하게 전달하기 어렵고, 서로 오해가 생길 수 있어요. 그렇기 때문에 명확한 의사소통을 위해서는 중의적 표현을 피해야 해요.

중의적 표현

重 무거울 중,
義 옳을 의,
的 과녁 적
의미가 여러 개로 해석
될 수 있는 것

문장이 두 가지 이상의 의미로 해석되는 표현을 중의적 표현이라고 한다.

[단어의 뜻에 따른 중의적 표현]

특징1 뜻이 여러 개인 단어를 사용하면 문장이 두 가지 이상의 의미로 해석된다.

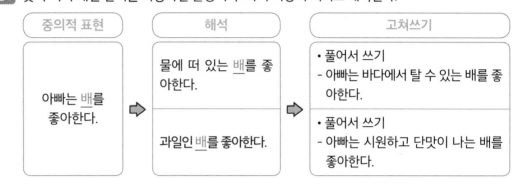

중의적 표현	해석	고쳐쓰기
아빠는 배를 좋아한다.	물에 떠 있는 배를 좋아한다.	• 풀어서 쓰기 - 아빠는 바다에서 탈 수 있는 배를 좋아한다.
	과일인 배를 좋아한다.	• 풀어서 쓰기 - 아빠는 시원하고 단맛이 나는 배를 좋아한다.

[꾸며 주는 말의 범위에 따른 중의적 표현]

특징2 꾸며 주는 말의 범위에 따라 문장이 두 가지 이상의 의미로 해석된다.

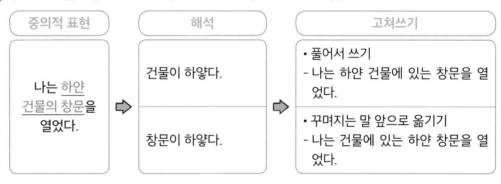

중의적 표현	해석	고쳐쓰기
나는 하얀 건물의 창문을 열었다.	건물이 하얗다.	• 풀어서 쓰기 - 나는 하얀 건물에 있는 창문을 열었다.
	창문이 하얗다.	• 꾸며지는 말 앞으로 옮기기 - 나는 건물에 있는 하얀 창문을 열었다.

[접속 범위에 따른 중의적 표현]

특징3 '와/과'의 접속 범위에 따라 문장이 두 가지 이상의 의미로 해석된다.

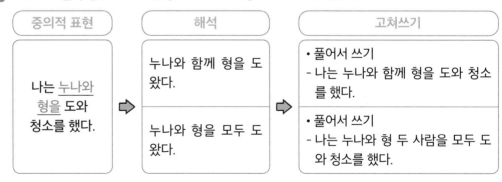

중의적 표현	해석	고쳐쓰기
나는 누나와 형을 도와 청소를 했다.	누나와 함께 형을 도왔다.	• 풀어서 쓰기 - 나는 누나와 함께 형을 도와 청소를 했다.
	누나와 형을 모두 도왔다.	• 풀어서 쓰기 - 나는 누나와 형 두 사람을 모두 도와 청소를 했다.

개념 확인

1 문장이 두 가지 이상의 뜻으로 해석되는 것을 ⟨ 높임 | 중의적 ⟩ 표현이라고 한다.

2 꾸며 주는 말의 범위에 따라 중의적 표현이 생길 수 있다. (○ | X)

[1~2] 다음 문장이 해석되는 두 가지 뜻을 써 보세요.

1 나는 형과 동생을 속였다.

(1) _____ (2) _____

2 엄마는 밤을 제일 좋아한다.

(1) _____ (2) _____

[3~5] 보기를 참고하여 다음 문장을 고쳐 써 보세요.

> 보기 화가가 아름다운 공원의 소나무를 그리고 있다.
> ⇨ (소나무가 아름답다는 뜻) 화가가 공원에 있는 아름다운 소나무를 그리고 있다.

3 누나가 차를 가지고 왔다.

⇨ (마시는 차를 가지고 왔다는 뜻) _____

4 나는 영희와 철수를 찾으러 다녔다.

⇨ ('나'와 영희가 함께 다녔다는 뜻) _____

5 엄마는 나에게 사과와 귤 2개를 주셨다.

⇨ (사과 1개, 귤 1개를 주셨다는 뜻) _____

[1~3] 다음 글을 읽고, 짧은 글을 써 보세요.

> 사회자: 여러분, 안녕하세요? 지금부터 '어린이의 사회 관계망 서비스 이용'에 대한 찬반 토론을 진행하겠습니다.
>
> 반대: 저는 어린이의 사회 관계망 서비스 이용을 반대합니다. 사회 관계망 서비스에는 남을 속이는 나쁜 사람들이 많습니다. 저는 최근에 사회 관계망 서비스를 통해 저렴한 가격으로 예쁜 옷을 파는 사람을 알게 되었고, ㉠반소매 옷과 긴소매 옷 두 벌을 주문했습니다. 돈을 보냈지만 저는 옷을 받지 못했고, 그 사람은 연락이 되지 않습니다.
>
> 찬성: 저는 찬성합니다. 사회 관계망 서비스는 정보를 공유하고 친구들과 소통하는 좋은 도구입니다. 실제로 사회 관계망 서비스가 소통을 도와 정서적으로 도움을 준다는 연구 결과도 있습니다. 또한, 어린이들이 사회 관계망 서비스를 통해 다양한 정보를 접하면서 생각과 사고를 키울 수 있습니다. 무조건 금지보다는 ㉡올바른 사회 관계망 서비스의 이용법을 가르쳐야 한다고 생각합니다.

1 ㉠이 중의적 표현인 이유를 **보기**에서 찾아 번호를 쓰고, 한 가지 의미로만 해석되도록 문장을 고쳐 써 보세요.

> **보기**　① 뜻이 여러 개인 단어를 사용함.　　② '과'가 어떤 것을 연결하는지가 불분명함.

(　　　　　　　　) ⇨ _____

2 **보기**의 뜻으로 해석될 수 있게 ㉡을 고쳐 써 보세요.

> **보기**　　　　　　사회 관계망 서비스를 올바르게 이용하자.

⇨ _____

3 '어린이의 사회 관계망 서비스 이용'에 대한 나의 의견을 근거와 함께 제시하되, 중의적 표현이 없는지 살펴보며 간단히 써 보세요.

⇨ _____

_____

글 필사하기

이 책에서 읽은 글의 일부분을
필사하며 문법 개념을
다시 한번 확인해 보세요.

01 어근, 접사 알기

● 어근에 접사가 붙어서 형성된 단어가 들어간 문장을 찾고, 그중 세 문장을 따라 써 보세요.

15쪽

아침 일찍 일어나서 부모님과 등산을 갔다. 평소 학교 운동장에서만 뛰어놀았는데, 주말에 모처럼 산꼭대기에 올라 마을을 내려다볼 생각에 괜히 마음이 설레었다.

한 시간쯤 지났을 때 아빠께서 갑자기 신발을 벗더니 손에 들었다. 그리고 건강을 위해 맨발로 산에 오르자고 하셨다. 엄마와 나는 아빠의 말씀을 따르기로 했다. 아빠 말씀대로 신발을 벗고 발로 땅을 밟으니, 산의 기운이 내 몸속으로 들어오는 것 같아 건강해지는 기분이 들었다.

맨발로 한참을 걷다 보니 갑자기 발이 따가웠다. 밤나무 아래에 떨어진 밤송이를 밟았기 때문이었다. 주변을 둘러보니 햇밤은 없고 빈 밤송이만 있었다. 아빠는 등산 온 사람들이 햇밤을 가져간 것 같다고 말씀해 주셨다. 한겨울을 준비하려고 밤이나 도토리를 먹고 사는 동물들이 걱정되었다. 산에 와서 우리 몸이 건강해지는 것처럼 동물들의 건강을 위해 그들의 식량도 남겨 두어야 한다는 생각이 들었다.

02 단일어, 복합어 알기

정답 및 해설 23쪽

● 단일어와 복합어가 들어간 문장을 찾고, 그중 세 문장을 필사해 보세요.

19쪽

　　밥주걱으로 돌솥밥을 푸고 나면 바닥에 눌러붙은 밥을 볼 수 있다. 이것이 누룽지이다. 밥그릇에 담겨진 누룽지는 고소한 맛과 바삭한 식감으로 예로부터 건강에 좋은 음식으로 알려져 있다. 누룽지의 어떤 점이 우리 몸에 좋을까?

　　누룽지는 밥보다 소화가 잘된다. 밥보다 단단한 누룽지를 입안에서 씹는 시간이 길어지면서 침샘에서 침이 많이 분비되어 소화에 도움이 된다. 따라서 누룽지에 있는 탄수화물, 단백질, 비타민 같은 영양소가 충분히 흡수되고 우리 몸에 필요한 에너지를 공급받을 수 있는 것이다.

　　또 누룽지는 다양한 방법으로 즐길 수 있다. 누룽지로 만든 탕은 속을 편안하게 해 주고, 누룽지로 만든 차는 우리 몸에 수분을 공급해 준다.

　　기름지고 자극적인 맛을 가진 음식들이 넘치는 현대 사회에서 누룽지는 현대인의 맛과 건강을 모두 잡을 수 있는 훌륭한 음식이다.

03 합성어, 파생어 알기

● 합성어나 파생어가 들어간 문장을 찾고, 그중 세 문장을 필사해 보세요.

23쪽

　　세균은 우리에게 다양한 방식으로 도움을 준다. 우리가 즐겨 먹는 요구르트나 김치에는 유산균이라는 세균이 풍부하게 들어 있으며, 이는 사람의 장 건강에 도움을 준다. 또한 뿌리혹박테리아라는 세균은 땅콩과 완두 같은 콩과 식물에 질소를 공급하여 성장을 돕는다. 이 세균은 뿌리털에 붙어 산다. 식물은 질소를 받는 대신 뿌리혹박테리아에게 영양분을 제공한다.

　　하지만 세균이 늘 우리에게 이로운 것은 아니다. 여름철에 음식 위에 덮개를 덮지 않아 음식이 외부 환경에 노출될 때가 있다. 이럴 때 장티푸스균이나 콜레라균 등이 번식해 식중독과 같은 질병을 일으킬 수 있다.

　　이처럼 세균은 작지만 우리 주변 어디에나 존재하며, 살림꾼처럼 우리 생활 속에서 다양한 역할을 한다.

04 유의어, 반의어 알기

정답 및 해설 23 쪽

● 유의어나 반의어가 들어간 문장을 찾고, 그중 세 문장을 필사해 보세요.

27쪽

최근 단조로운 급식 메뉴와 구기 종목 중심의 체육 활동으로 인해 학교생활에 대한 만족도가 점점 떨어지고 있습니다. 이에 교장 선생님께 몇 가지 건의를 드립니다.

먼저 급식 메뉴에 관한 건의입니다. 매주 수요일마다 같은 급식 메뉴가 제공되고 있는데, 학생들이 좋아하는 다른 급식 메뉴도 나오면 좋겠습니다.

다음은 E스포츠 활동을 체육 시간에 도입하는 것에 관한 건의입니다. E스포츠는 컴퓨터나 비디오 게임을 이용해 승부를 겨루는 스포츠입니다. E스포츠를 통해서 같은 팀끼리 서로 협력하고 협동하는 자세와 전략적 사고를 기를 수 있습니다. 그리고 체육 과목의 불만보다 만족이 커질 것입니다.

05 상의어, 하의어 알기

● 상의어와 하의어가 들어간 문장을 찾고, 그중 세 문장을 필사해 보세요.

37쪽

지난 주말, 가족과 함께 교통 박물관에 갔다. 박물관 입구에 "교통수단은 사람이 이동하거나 화물을 운송하는 데 사용되는 모든 물리적 수단이다."라고 쓰여 있는 글귀를 읽으며 박물관으로 들어갔다.

먼저 육상 교통수단 전시관에서는 마차, 자동차, 기차 등을 볼 수 있었다. 특히 고종이 탔던 우리나라 최초의 자동차인 어차의 웅장함에 감탄했다. 해상 교통수단 전시관에는 보트, 유람선, 잠수함 등이 전시되어 있었다. 그중에서도 잠수함 모형은 선원들의 침실과 주방까지 재현해 흥미로웠다. 다음으로 간 항공 교통수단 전시관에서는 여객기, 화물기, 제트기 등을 볼 수 있었다. 특히 제트기 중에는 소리보다 빠른 속도를 내는 것도 있다는 점에서 기술의 경이로움을 느낄 수 있었다. 마지막으로 미래 교통수단 전시관에는 태양광 자동차 등 친환경 기술을 이용하는 다양한 교통수단이 전시되어 있었다. 환경을 위해서라도 미래에는 이러한 교통수단이 필수적인 선택이 될 것이라는 생각이 들었다.

06 문장의 주성분 알기 1

정답 및 해설 24쪽

● 이 글에서 새롭게 알게 된 정보가 담긴 문장을 찾고, 그중 세 문장을 필사해 보세요

37쪽

우리가 사용하는 돈에 가짜 돈이 섞여 있다면 어떻게 될까? 아마 사회는 큰 혼란에 빠질 것이다. 이러한 혼란을 막기 위해 각 나라는 동전과 지폐에 위조 방지 기술을 도입하고 있다. 우리나라 역시 다양한 화폐 위조 방지 기술을 활용하고 있다.

먼저 동전의 위조 방지를 위해 동전의 가장자리가 오돌토돌한 톱니 모양으로 되어 있다. 우리나라 동전도 가장자리는 톱니 모양이다. 실제로 오십 원, 백 원, 오백 원 가장 자리에는 각각 109개, 110개, 120개의 톱니가 있다.

또한 정밀하게 그려진 역사적 인물의 그림뿐만 아니라, 각도에 따라 색상이 달라 보이는 특수 잉크, 이미지가 변하는 홀로그램 등 첨단 위조 방지 기술이 적용되어 있다. 지폐는 면섬유로 제작되어 일반 종이에 비해 내구성이 뛰어나고 질감에서도 차이가 나는데, 이러한 기술들 덕분에 위조는 매우 어렵다.

화폐가 기본 거래 수단인 현대 사회에서 위조 방지 기술은 안전한 경제 활동을 위해 꼭 필요하다.

07 문장의 주성분 알기 2

● 목적어나 보어가 쓰인 문장을 찾고, 그중 세 문장을 필사해 보세요.

41쪽

극심한 추위와 기록적인 폭설 등 세계 곳곳에 피해를 안긴 북극발 한파는 이상 기후 현상의 심각성을 여실히 드러냈다.

기상학자들은 이상 기후 현상을 지구 온난화와 연결하여 설명했다. 지구의 기후 시스템에 영향을 주는 기류 중 하나인 '극 소용돌이(polar vertex)'는 극지방이 일정한 기온 이하로 떨어지면 더 많은 찬 공기를 끌어들인다. 그래서 극지방 아래에 있는 나라의 겨울 기온이 지나치게 내려가는 것을 막아 준다. 하지만 극지방의 기온이 올라가면 '극 소용돌이'가 찬 공기를 끌어당기는 힘이 약해지고, 이로 인해 극지방 아래에 있는 나라들은 한파와 폭설을 겪게 된다. 결과적으로 지구 온난화는 이상 기후 현상을 유발하는 원인이 되었다.

따라서 북극 한파가 유발하는 피해를 막고 지구 기후 시스템의 안정성을 회복하기 위해서는 지구 온난화 억제를 위한 노력이 절실히 필요하다.

08 문장의 부속 성분 알기

정답 및 해설 **24** 쪽

● 관형어나 부사어가 쓰인 문장을 찾고, 그중 세 문장을 필사해 보세요.

45쪽

나는 『소문 바이러스』라는 제목을 보고 '어떤 소문에 관한 이야기일까?'라는 궁금증이 들어 책을 읽게 되었다.

이수네 모둠이 뒷산에서 발견한 들꽃을 먹으면서 이 책의 이야기가 시작된다. 이수네 모둠 친구들을 비롯해 선생님과 주변 사람들의 몸에 붉은 반점이 생기는 증세를 보였다. 이 일을 정은이가 블로그에 올리면서 소문은 걷잡을 수 없이 퍼져 나갔다. 뉴스는 연일 이 사건을 보도했고, 세나가 슈퍼 전파자다, 이수네 모둠 친구들이 감염자다 등 온갖 억측이 난무했다. 이후 뒷산에서 발견한 들꽃이 질병의 원인임이 밝혀졌고 소문은 잦아들었다.

나는 책을 읽는 내내 '소문이 정말 무섭구나.'라는 생각이 들었다. 그러면서 나 또한 사회 관계망 서비스를 사용하면서 타인에게 상처를 준 적은 없는지, 확인되지 않은 정보로 글을 쓰지는 않았는지 스스로 되돌아보게 되었다.

09 문장의 호응 알기 1

● 주어와 서술어, 목적어와 서술어가 호응이 되는 문장을 찾고, 그중 세 문장을 필사해 보세요.

49쪽

강진은 우리나라 전통 청자의 약 80%를 만든 청자 예술의 성지입니다. 이곳에서 매년 열리는 '강진 청자 축제'는 단순히 도자기 관람을 넘어서, 천년의 역사를 간직한 고려청자의 예술혼을 기리고 그 우수성을 세계에 알리는 문화 예술 축제입니다.

'강진 청자 축제'는 ○월 ○○일부터 ○월 ○○일까지 펼쳐집니다. 관람객들의 오감을 만족시킬 청자 물레 체험, 힐링 불멍 캠프, 야외 족욕 등 다채로운 체험 활동을 함께 즐길 수 있습니다. 그리고 청자에 관한 다양한 전시가 준비되어 있습니다. 청자 제작 과정을 담은 공연 또한 관람객들의 눈과 귀를 사로잡을 것입니다. 이 외에도 강진의 특산품인 민물새우로 만든 토하젓도 만날 수 있습니다. 시식 코너에서는 직접 토하젓을 맛볼 수 있습니다.

온 가족이 함께 방문하여 푸른빛으로 가득한 강진에서 다채로운 체험을 즐기고, 천년의 역사를 간직한 고려청자의 아름다움을 만끽하시기 바랍니다.

10 문장의 호응 알기 2

정답 및 해설 25 쪽

● 부사어와 서술어가 호응이 되는 문장을 찾고, 그중 세 문장을 필사해 보세요.

　　반려동물이 우리 삶에 중요한 존재로 자리 잡으면서, 반려동물을 기르는 사람들의 수가 꾸준히 증가하고 있다. 그렇다면 우리는 반려동물을 어떻게 대해야 할까?

　　반려동물은 단순한 동물이 아닌 하나의 생명체임을 인식해야 한다. 왜냐하면 반려동물은 우리의 감정을 느낄 수 있기 때문이다. 그래서 우리도 반려동물을 존중해야 한다. 또한 그들을 함부로 대하는 행동을 절대로 해서는 안 된다.

　　반려동물을 키우려면 큰 책임이 따른다는 것도 명심해야 한다. 기본적인 생활 습관부터 건강 관리, 사회화까지 다양한 부분에서 반려동물을 도와주어야 한다. 무엇보다 어려움이 생기더라도 포기하지 않고 끝까지 책임지는 태도가 필요하다.

　　반려동물은 우리에게 큰 행복을 주는 소중한 동반자다. 만약 존중과 책임감을 가지고 그들을 대한다면, 우리는 반려동물과 행복한 삶을 누릴 수 있을 것이다.

11 평서문, 의문문, 감탄문 알기

● 감탄문이나 의문문이 들어간 문장을 찾고, 그중 세 문장을 필사해 보세요.

59쪽

준수: 우리 오늘 김홍도의 「씨름」을 보고 이야기해 보기로 했지? 그림은 본 느낌이 어땠어?

미애: 실제 눈앞에서 씨름을 하는 듯해! 그리고 주변 사람들도 내 곁에 있는 듯한 느낌을 받았어.

준수: 구경하는 사람들 표정을 봤니? 깜짝 놀란 얼굴도 있고, 입을 크게 벌린 사람도 있어. 또 어떤 사람은 벌써 승리를 예감한 듯 미소도 짓고 있어.

미애: 진짜 생동감이 넘쳐! 입고 있는 옷의 주름이나 땅바닥에 남은 발자국까지도 마치 한 장면을 그대로 멈춰 놓은 것 같아. 준수야, 너는 김홍도의 다른 그림도 봤니?

준수: 물론이지. 나는 김홍도가 그린 다른 그림들도 봤어. 김홍도의 그림은 조선 시대 사람들의 삶과 문화를 생생하게 표현했어. 정말 대단해.

미애: 맞아. 그의 뛰어난 관찰력과 묘사력에 박수를 쳐 주고 싶어.

12 명령문, 청유문 알기

정답 및 해설 25 쪽

● 명령문이나 청유문이 들어간 문장을 찾고, 그중 세 문장을 필사해 보세요.

63쪽

고개를 앞으로 내민 채로 오랜 시간 스마트폰이나 컴퓨터를 사용하면 우리 목이 거북목처럼 변할 수 있어요. 그러면 목과 어깨가 아프고, 두통까지 생길 수 있지요. 하지만 걱정하지 마세요. 지금부터 거북목 예방법을 알려 줄게요.

첫째, 바른 자세를 유지해라.

의자에 앉을 때는 허리를 곧게 펴고, 어깨의 힘은 자연스럽게 빼 주세요. 그리고 스마트폰을 볼 때는 눈높이에 맞춰 들고 사용해요.

둘째, 틈틈이 스트레칭을 해라.

30분마다 목과 어깨를 가볍게 돌려 주세요. 머리를 천천히 좌우로 기울이고, 턱을 당겨서 목을 쭉 펴 주는 동작도 좋아요.

그리고 오랜 시간 앉아 있지 않는 것도 좋아요. 오래 앉아 있으면 몸이 뻐근해지면서 거북목이 될 수 있으니까요. 지금부터 바로 실천할 수 있겠죠? 거북목 없는 멋진 모습, 함께 만들어 봅시다.

13 상대 높임법 알기

● 상대 높임 표현을 사용한 문장을 찾고, 그중 세 문장을 필사해 보세요.

67쪽

"지금부터 '교장 선생님과의 대화'를 시작하겠습니다."

반장의 말이 끝나고 교장 선생님께서 교실 문을 열고 들어오셨다.

"만나서 반갑습니다. 모두 즐거운 학교생활을 하고 있나요?"

교장 선생님께서는 반 친구들에게 다양한 질문을 하셨다. 마지막으로 내 옆으로 오셔서 물으셨다.

"요즘 가장 재미있게 배우는 과목은 무엇인가요?"

"저는 다양한 글을 읽는 국어 시간이 가장 재미있습니다."

"그렇군요. 앞으로도 열심히 공부하세요."

교장 선생님께서는 말씀을 마치고 교실을 나가셨다. 나는 선생님께 말했다.

"교장 선생님 앞에서 말하려니 너무 떨렸어요."

선생님께서는 엄지손가락을 들어 보이며 웃으셨다.

14 주체 높임법, 객체 높임법 알기

정답 및 해설 26쪽

● 주체 높임법이나 객체 높임법이 들어간 문장을 찾고, 그중 세 문장을 필사해 보세요.

기쪽

나와 아빠는 배드민턴 시합을 했다. 아빠는 내가 하는 공격을 모두 받아 냈고, 나는 몇 번이나 셔틀콕을 떨어뜨려 점수를 내지 못해 짜증이 났다.

"조금만 더 연습해 보면 분명 너도 점수를 낼 수 있을 거야. 그리고 배드민턴이 주는 선물도 받고 말이야."

"무슨 선물이요?"

"배드민턴을 치면 얻게 되는 선물은 바로 건강이지. 할아버지께서 예전부터 배드민턴을 즐겨 치셨어. 그래서 연세에 비해 훨씬 건강하시단다."

아빠의 말씀을 듣고 시합을 이어 갔다. 결국 아빠를 상대로 점수를 낼 수 있었다. 그 순간 세상을 다 가진 듯이 무척 기뻤다. 또 몸에서 활기가 느껴졌다.

"할아버지께서 배드민턴을 치시는 이유를 알 것 같아요."

나는 땀을 닦으며, 다음에도 아빠와 배드민턴을 쳐야겠다고 생각하였다.

15 시간 표현 알기

● 과거, 현재, 미래를 나타내는 시간 표현이 들어간 문장을 찾고, 그중 세 문장을 필사해 보세요.

75쪽

우리는 날씨를 어떻게 알 수 있을까?

옛날에는 사람들이 자연 현상을 보며 날씨를 예측했다. 바닷가 근처에서는 바람의 방향과 파도의 높이를 보고 폭풍이 올지 짐작하였고, 농촌에서는 개미가 집을 높이 쌓으면 비가 올 것이라고 여겼다. 또 저녁노을이 붉으면 다음 날 날씨가 좋을 것이라고 생각했다.

과학 기술이 발전한 오늘날, 우리는 더 정확하게 날씨를 예측한다. 인공위성을 이용해 구름의 움직임을 관찰하고, 슈퍼컴퓨터로 기온, 강수량, 바람 등의 데이터를 분석하여 앞으로의 날씨를 예측할 수 있게 된 것이다.

미래에는 날씨 예측 기술이 더욱 발전할 것이다. 인공 지능(AI)이 방대한 기상 정보를 분석해 더욱 정밀하게 날씨를 예측할 것이다. 또 작은 기상 센서가 공기 중의 변화를 실시간으로 측정하여 갑작스러운 태풍이나 홍수를 미리 알려 줄 것이다.

16 부정 표현 알기

정답 및 해설 26쪽

● 부정 표현을 사용한 문장을 찾고, 그중 세 문장을 필사해 보세요.

81쪽

최근 끊임없이 몰려드는 관광객들로 인해 자연환경과 시설이 파괴되는 관광지가 늘고 있다. 이 문제를 해결하기 위해 세계 각지에서는 물론 국내에서도 관광세를 도입하고 있어 주목된다. 관광세란 관광객에게 부과되는 세금이다. 그렇다면 왜 관광세를 도입하는 것일까?

관광지는 그냥 유지되지 않는다. 많은 관광객이 방문하면 도로나 화장실 같은 시설이 빨리 낡게 된다. 만약 관광지의 노력에도 불구하고 다른 원인으로 인해 충분한 예산을 확보하지 못하면 이러한 시설 관리에 어려움이 있으므로 관광세로 예산을 마련해야 한다. 관광세가 없다면 그 지역 주민들의 세금으로만 관광지를 유지해야 한다. 그러면 지역 주민의 부담은 커지고, 이들을 위해 써야 할 세금이 줄어들어 생활에 불편함을 겪을 것이다.

이제 관광세를 도입하지 않으면 관광지는 유지되지 어렵다. 오히려 관광세 덕분에 더욱 쾌적하고 안전한 여행을 할 수 있을 것이다. 관광객과 지역 주민 모두가 만족할 수 있도록, 관광세를 꼭 도입해야 한다.

17 능동 표현, 피동 표현 알기

● 피동 표현을 사용한 문장을 찾고, 그중 세 문장을 필사해 보세요.

85쪽

　　지방 소멸은 낮은 출생률과 고령화, 젊은 세대의 이탈 등으로 지역의 인구가 급격히 감소하면서 지역이 사라질 위기에 처하는 것이다. 우리나라의 많은 지역에서 지방 소멸 문제가 점점 심각해지고 있다.

　　이 문제가 발생하는 이유는 젊은 사람들이 일자리나 편리한 생활 등을 이유로 지방을 떠나기 때문이다. 젊은 사람들이 떠나는 모습을 보는 지역 사회의 눈에는 눈물이 맺히지만 딱히 해결할 방법이 없는 상황이다. 전문가들은 이 상태가 계속되면 앞으로 수십 개의 마을이 사라질 것이라고 말한다.

　　이 문제를 해결하기 위해서 지방에는 더 많은 일자리를 만들어져야 한다. 그리고 주거 환경도 개선되어야 한다.

　　지방 소멸은 지역 사회의 붕괴로 이어질 수 있는 심각한 문제이다. 우리 모두 이 문제에 관심을 가지고, 지방을 살리기 위한 방법을 찾기 위해 노력해야 한다.

18 주동 표현, 사동 표현 알기

정답 및 해설 27쪽

● **사동 표현을 사용한 문장을 찾고, 그중 세 문장을 필사해 보세요.**

우리 주변의 물질은 세 가지 상태로 존재한다. 물처럼 액체인 것, 얼음처럼 단단한 고체, 그리고 공기처럼 보이지 않는 기체도 있다. 그리고 세 가지 상태는 변할 수 있다.

햇빛이 얼음을 녹인다. 그러면 얼음은 물이 되는데, 고체에서 액체로 변하는 것을 '녹는다'고 한다. 액체에서 기체로 변하는 것은 '증발'이라 한다. 같은 원리로 햇볕이 빨래를 말린다. 뜨거운 태양 아래에서 물이 수증기로 변해 증발하면서 빨래가 마르는 것이다. 기체에서 다시 액체로 변하는 것은 '응결'이다. 차가운 컵에 물을 채운다. 그러면 컵 표면에 작은 물방울이 맺히는데, 공기 중의 수증기가 차가운 컵과 만나 물로 변한 것이다. 액체에서 고체로 변하는 것을 '응고'라고 한다. 겨울에 물웅덩이가 얼어 얼음이 되는 것이 바로 응고 현상이다.

이처럼 물질은 열을 주고받으면서 상태가 변한다. 고체, 액체, 기체는 상태 변화를 하며 우리 생활에 영향을 끼치고 있다.

19 중복 표현 고쳐쓰기

● 글쓴이의 생각이나 느낌이 들어간 문장을 찾고, 그중 세 문장을 필사해 보세요.

93쪽

올해 여름 방학에 우리 가족은 제주도에 있는 삼촌 집을 방문했다. 오랜만에 가는 제주도라 설레는 마음이 가득했다. 제주도로 가는 비행기 창문 밖으로 넓은 바다를 볼 수 있었다. 우리 가족은 한 시간 정도 비행기를 타고 공항에 도착했고, 삼촌께서 우리를 반갑게 맞아 주셨다.

삼촌 집에 도착하자마자 우리는 짐을 풀었다. 그리고 감귤나무가 있는 마당에서 고기를 구워 먹으며 놀았다.

다음 날, 우리는 해변으로 갔다. 그곳에서 나는 동생과 함께 물놀이를 즐겼다. 이후 말도 타고 신비한 동굴도 가는 등 신나게 놀았다. 제주도에서 보낸 시간은 즐거웠다.

돌아오는 날 삼촌과 숙모에게 인사하며 아쉬운 마음으로 삼촌 집을 나섰다. 겨울 방학에도 꼭 다시 방문하고 싶다.

20 중의적 표현 피하기

정답 및 해설 27쪽

● 찬성과 반대 중 자신의 생각과 같은 입장의 글에서 세 문장을 필사해 보세요.

사회자: 여러분, 안녕하세요? 지금부터 '어린이의 사회 관계망 서비스 이용'에 대한 찬반 토론을 진행하겠습니다.

반대: 저는 어린이의 사회 관계망 서비스 이용을 반대합니다. 사회 관계망 서비스에는 남을 속이는 나쁜 사람들이 많습니다. 저는 최근에 사회 관계망 서비스를 통해 저렴한 가격으로 예쁜 옷을 파는 사람을 알게 되었고, 반소매 옷 한 벌과 긴소매 옷 한 벌을 주문했습니다. 돈을 보냈지만 저는 옷을 받지 못했고, 그 사람은 연락이 되지 않습니다.

찬성: 저는 찬성합니다. 사회 관계망 서비스는 정보를 공유하고 친구들과 소통하는 좋은 도구입니다. 실제로 사회 관계망 서비스가 소통을 도와 정서적으로 도움을 준다는 연구 결과도 있습니다. 또한, 어린이들이 사회 관계망 서비스를 통해 다양한 정보를 접하면서 생각과 사고를 키울 수 있습니다. 무조건 금지보다는 사회 관계망 서비스를 올바르게 사용할 수 있는 교육이 필요하다고 생각합니다.

■ 사진 출처

59쪽, 김홍도, 「씨름」국립중앙박물관　www.museum.go.kr

달달 읽고 곰곰 생각하는

달콤한 문해력

NE 능률

달콤한 문해력 기본서

초등교사 100인 추천!
'3회독 학습법'으로
문해력 기본기를 다져요.

달콤한 문해력 초등 독해

초등 최초!
'주제 연결 독해법' 도입!
하나의 주제로 연결된
2개의 글을 읽어요.

기본기 강화!
교과 개념으로
문해력 강화

독해 강화!
분석력, 통합력,
사고력 강화

초등
문해력

문법 강화!
맞춤법,
문장력 강화

어휘 강화!
교과 학습
기본기 강화

달콤한 문해력 초등 문법

초등 필수 문법!
이야기로 재미있게 익히고
글쓰기로 자신감도 키워요.

달콤한 문해력 초등 어휘

'낱말밭 어휘 학습'으로
각 학년 필수 교과 어휘를
완성해요.

NE 능률

달곰한 문해력

초등 문법

쓰면서 익히는 **국어 문법**

정답 및 해설

5
단계

달곰한 문해력

초등 문법

쓰면서 익히는 **국어 문법**

정답 및 해설 **5** 단계

1장 단어의 짜임과 종류

01 어근, 접사 알기

개념 확인   13쪽

1 ○　　　　2 X　　　　3 접두사

문법 개념 익히기   14쪽

1 과자, 예 엄마는 퇴근하고 집에 오는 길에 초콜릿 과자를 사 오셨다.

2 읽, 예 나는 도서관에서 빌린 책을 읽었다.

3 사냥, 예 왕은 말을 타고 사냥을 나갔다.

4 풋　　　　5 쟁이

바른 문장 쓰기   15쪽

1 맨발

2 밤나무, 예 할머니 집 뒷산에는 밤나무가 가득하다.

3 예 동물들은 사람이 버리고 간 쓰레기로 인해 다치거나 그것을 먹고 건강이 위험해질 수 있다. 그러므로 등산 중에 생긴 쓰레기는 정해 놓은 장소에 있는 쓰레기통에 버리거나 챙겨서 집으로 가져와야 산에 사는 동물들을 보호할 수 있다.

---

1 어근은 단어에는 실질적인 의미를 나타내는 부분으로 더 이상 쪼갤 수 없는 부분을 말합니다. '과자'는 밀가루 등에 설탕이나 우유를 섞어 만든 음식으로 더 이상 쪼개어 쓸 수 없는 부분으로 어근에 해당합니다.

2 '읽었다'에서 '읽-'은 '글이나 글자를 보고 소리 내어 말로 나타내다.'라는 의미를 지닌 어근에 해당합니다.

3 '사냥꾼'에서 어근은 '사냥'이고 접사 '-꾼'이 붙었습니다.

4 '풋-'은 '처음 나온' 또는 '덜 익은'의 뜻을 더하는 접사입니다. '풋고추'는 '아직 익지 않은 푸른 고추'를 뜻합니다.

> **문법 설명** '헛-'은 '이유나 보람이 없는'의 뜻을 더하는 접사입니다. 단어의 예로 '헛수고, 헛고생' 등이 있습니다.

5 '-쟁이'는 '그것이 나타내는 특징을 많이 가진 사람'의 뜻을 더하는 접사입니다. '겁쟁이'는 '겁'이 많은 사람을 나타냅니다.

> **문법 설명** '-장이'는 '그것과 관련된 기술을 가진 사람'의 뜻을 더하는 접사입니다. 단어의 예로 '대장장이, 양복장이' 등이 있습니다. '-장이'와 '-쟁이' 모두 어근에 붙어 어근의 뜻을 더하는 접사이지만 '-쟁이'는 성격이나 습관을, '-장이'는 기술이나 능력을 강조하므로 이 둘을 구분하여 써야 합니다.

1 '아무것도 신지 않은 발'을 뜻하는 단어는 '다른 것이 없는'을 뜻하는 접사 '맨-'을 덧붙인 '맨발'입니다.

> **문법 설명** '덧신'은 '겹쳐 신거나 입는'의 뜻을 더하는 접사 '덧-'과 어근 '신'이 결합한 단어입니다. 접사 '덧-'이 붙은 단어의 예로 '덧니', '덧버선', '덧저고리' 등이 있습니다.

2 밤나무는 밤이 열리는 나무로, '밤', '나무' 두 개의 어근이 만나 이루어진 단어입니다.

> **문법 설명** '밤송이'는 어근 '밤'과 어근 '송이'가 결합한 단어로 '밤알을 싸고 있는 두꺼운 껍데기'를 뜻합니다.

3 이 글은 가족과 등산을 한 경험을 바탕으로 쓴 일기문입니다. 등산 갔을 때의 경험을 떠올려 보며, 산에 사는 동물을 보호하며 등산을 즐길 수 있는 방법에는 무엇이 있을지 정리해 봅니다.

○2 단일어, 복합어 알기

개념 확인　　　　　　　　　　17쪽

1 X　　　　**2** ○　　　　**3** ○

문법 개념 익히기　　　　　　　18쪽

1 (1) 얼굴, 겨울　(2) 손발, 국그릇

2 (1) 과일, 종이　(2) 지우개, 한여름

3 꽃, 예 꽃이 아름답게 피었다.

4 부채질, 예 더운 여름, 할아버지께서는 대청마루에 앉아 부채질을 하고 계십니다.

바른 문장 쓰기　　　　　　　19쪽

1 밥주걱

2 (1) ㉯, ㉣　(2) ㉮, ㉰　(3) 밥그릇, 입안

3 예 나는 샐러드를 즐겨 먹는다. 샐러드는 다양한 재료를 활용하여 간단하게 만들 수 있다. 좋아하는 과일이나 채소 등을 먹을 수 있는 만큼 넣어서 함께 먹으면 된다. 특히 샐러드에 햇과일을 넣으면 다른 때보다 더욱 신선한 맛을 즐길 수 있다.

---

1 '얼굴', '겨울'은 더 이상 쪼갤 수 없는 하나의 어근으로 이루어진 단일어입니다. '손발'은 어근 '손'과 어근 '발'로, '국그릇'은 어근 '국'과 어근 '그릇'으로 이루어진 복합어입니다.

2 '과일', '종이'는 더 이상 쪼개어 쓸 수 없는 하나의 어근으로 이루어진 단일어입니다. '지우개'는 어근 '지우-'와 접사 '-개'로, '한여름'은 접사 '한-'과 어근 '여름'으로 이루어진 복합어입니다.

3 보기에서 '꽃'은 하나의 어근으로 구성된 단일어입니다.

> 문법 설명 '돌다리'는 어근 '돌'과 어근 '다리'가 결합된 단어로, 두 개의 어근으로 구성된 복합어입니다.

4 보기에서 '부채질'은 어근 '부채'와 접사 '-질'이 결합된 복합어입니다.

> 문법 설명 '부채질, 가위질'처럼 '-질'은 '도구를 가지고 하는 일'의 뜻을 더하는 접사입니다.

---

1 '밥을 푸는 주걱'에서 '밥', '주걱'은 단일어로 이 둘을 결합하면 '밥을 푸는 주걱'이라는 뜻을 지닌 복합어 '밥주걱'으로 바꿀 수 있습니다.

2 (1) ㉯ '우리'와 ㉣ '차'는 하나의 어근으로 이루어진 단일어입니다.
(2) ㉮ '밥그릇'은 밥과 그릇이, ㉰ '입안'은 입과 안이 결합한 복합어입니다.
(3) 누룽지를 담아 식탁 위에 둘 수 있는 것은 ㉮'밥그릇'입니다. 그리고 엄마 몰래 넣는다고 하였으므로 문맥상 ㉰ '입안'이 알맞습니다.

3 이 글은 건강한 음식인 누룽지의 효능과 다양한 활용법을 소개하고 있습니다. 평소 자신이 좋아하고 즐겨 먹는 건강한 음식을 복합어를 포함하여 소개해 봅니다.

> 문법 설명 '햇과일'은 '그해에 난'의 뜻을 더하는 접사 '햇-'과 어근 '과일'로 이루어진 복합어입니다.

03 합성어, 파생어 알기

개념 확인   21쪽

1 X   2 O   3 O

문법 개념 익히기   22쪽

1 논밭. 예 논밭 사이로 시냇물이 흐른다.

2 사과나무. 예 사과나무에 사과가 열렸다.

3 군침   4 날개   5 맨발

---

1 합성어는 두 개 이상의 어근으로 만들어진 단어입니다. '논밭'은 어근 '논'과 어근 '밭'이 결합된 합성어입니다. '시골', '저녁'은 하나의 어근으로 이루어진 단일어입니다.

> **문법 설명** 합성어는 '논밭'처럼 '논', '밭' 각각의 어근이 본래의 뜻을 유지하기도 합니다.

2 '사과나무'는 어근 '사과'와 어근 '나무'가 결합된 합성어입니다. '뿌리', '열매'는 하나의 어근으로 이루어진 단일어입니다.

3 파생어는 어근과 접사가 결합하여 만들어진 단어입니다. '군침'은 '쓸데없는'의 뜻을 더하는 접두사 '군-'과 어근 '침'이 결합한 파생어로 '공연히 입안에 도는 침'을 뜻합니다.

> **문법 설명** '군말'은 접두사 '군-'과 어근 '말'이 결합한 파생어로 '하지 않아도 좋을 쓸데없는 말'을 뜻합니다.

4 '날개'는 어근 '날-'과 '행위를 하는 도구'의 뜻을 더하는 접미사 '-개'가 붙은 파생어로 '새나 곤충의 몸 양쪽에 붙어서 날아다니는 데 쓰는 기관'을 뜻합니다.

5 '맨발'은 '다른 것이 없는'의 뜻을 더하는 접두사 '맨-'과 어근 '발'이 붙은 파생어로 '아무것도 신지 않은 발'을 뜻합니다.

바른 문장 쓰기   23쪽

1 ⓛ, 예 함부로 돈을 안 쓰는 것을 보니, 나도 살림꾼이 다 되었다.

2 덮개

3 예 세균은 우리 몸속에도 있으며, 우리를 위해 좋은 일을 다양하게 하는 살림꾼이다. 하지만 여름철에는 위험한 세균이 발생해 질병을 일으킬 수 있으니 조심해야 한다.

---

1 '뿌리털'은 어근 '뿌리'와 어근 '털'이 결합된 합성어입니다. '살림꾼'은 어근 '살림'에 접미사 '-꾼'이 결합된 파생어입니다.

> **문법 설명** 합성어는 둘 이상의 어근으로 이루어진 단어이며, 파생어는 어근에 접사가 붙어서 이루어진 단어를 뜻합니다.

2 '행위를 하는 도구'의 뜻을 더하는 접사는 '-개'입니다. 어근 '덮-'에 접사 '-개'가 붙어 '덮개'라는 파생어를 만들 수 있습니다.

> **문법 설명** '행위를 하는 도구'를 뜻하는 접사 '-개'가 붙은 파생어에는 '날개', '지우개' 등이 있습니다. 또한 접사 '-개'에는 '오줌싸개'처럼 '행위를 특성으로 지닌 사람'이라는 뜻도 있습니다.

3 이 글은 우리의 삶에 밀접하게 관련 있는 세균이 우리에게 주는 이로운 점과 해로운 점을 알려주는 글입니다. 세균에 대해 어떻게 생각하는지 '몸속', '여름철', '살림꾼'을 활용하여 간단하게 정리해 봅니다.

04 유의어, 반의어 알기

개념 확인   25쪽

1 X   2 X   3 반의어

문법 개념 익히기   26쪽

1 싱거웠다, 예 아침에 먹은 된장찌개는 싱거웠다.

2 평범해. 예 똑같은 모양으로 된 실내화를 신는 것은 평범해 보인다.

3 넓은, 좁은

4 뜨거운, 차가운

1 유의어는 뜻이 비슷한 단어를 말합니다. 이 문장에서 '심심하다'는 '음식 맛이 조금 싱겁다.'라는 뜻으로 사용되었습니다. 이와 의미가 비슷한 단어는 '싱겁다'입니다. '시원하다'는 '음식이 차고 산뜻하거나, 뜨거우면서 속을 후련하게 하는 점이 있다.'를 뜻하는 단어로 '심심하다'와 바꾸어 쓸 수 없습니다.

2 '밋밋하다'는 '생긴 모양 등이 두드러진 특징이 없이 평범하다.'라는 뜻으로 사용되었습니다. 이와 뜻이 비슷한 단어는 '평범하다'입니다. '매끈하다'는 '차림이나 생김새가 환하고 깨끗하다.'를 뜻하는 단어로 '밋밋하다'와 바꾸어 쓸 수 없습니다.

3 반의어는 그 뜻이 서로 반대되는 단어를 말합니다. '넓다'는 '면이나 바닥 등의 면적이 크다.'라는 뜻으로, '넓다'의 반의어는 '면이나 바닥 따위의 면적이 작다.'라는 뜻을 가진 '좁다'입니다.

4 '뜨겁다'는 '손이나 몸에 상당한 자극을 느낄 정도로 온도가 높다.'라는 뜻으로, '뜨겁다'의 반의어는 '촉감이 서늘하고 썩 찬 느낌이 있다.'라는 뜻을 가진 '차갑다'입니다.

> 문법 설명 반의어는 서로 반대되는 뜻을 가지면서도 공통된 부분도 있습니다. '넓다'와 '좁다'는 서로 반대의 뜻을 지니지만 두 단어 모두 '면적'을 나타낸다는 점에서 공통된 부분이 있습니다. 그리고 '뜨겁다'와 '차갑다'는 모두 '온도'를 나타낸다는 공통된 부분이 있습니다.

바른 문장 쓰기   27쪽

1 다른

2 E스포츠를 통해서 같은 팀끼리 서로 돕고 합심하는 자세와 전략적 사고를 기를 수 있습니다.

3 예 한 달에 한 번은 가족 여행을 가고 싶어요. 주말에 집에서 쉬는 경우가 많은데, 심심하고 지루해요. 한적한 바다를 가거나 시끌벅적한 놀이공원에 가는 것도 좋을 것 같아요. 그리고 여행을 하면 가족끼리 대화도 많이 할 수 있을 것 같아요.

1 '같다'의 반의어로는 '비교되는 두 대상이 서로 같지 아니하다.'라는 뜻을 가진 '다르다'를 써야 합니다.

> 문법 설명 '다르다'와 '틀리다'를 혼동하여 쓰는 경우가 많은데, '틀리다'는 셈이나 사실 등이 어긋나다.'라는 뜻입니다. 그래서 '틀리다'의 반의어는 '맞다'가 됩니다.

2 '협동'은 '서로 마음과 힘을 하나로 합함.'을 뜻합니다. '여러 사람이 마음을 한데 합함.'의 뜻을 지닌 '합심'과 뜻이 비슷해 바꾸어 쓸 수 있습니다.

> 문법 설명 '대립'은 '의견이나 처지 등이 서로 반대되거나 모순됨.'이라는 뜻으로, '협동', '합심'과 바꾸어 쓸 수 없습니다.

3 이 글은 학교 급식 메뉴와 체육 활동을 개선해 줄 것을 건의하는 글입니다. 이 글을 참고하여 평소 가족에게 건의하고 싶었던 내용을 떠올려 보고, 유의어나 반의어를 활용하여 건의할 내용을 정리해 봅니다.

05 상의어, 하의어 알기

개념 확인   29쪽

1 상의어   **2** ○   **3** X

문법 개념 익히기   30쪽

1 (1) 문학 (2) 시, 소설, 수필, 희곡

2 (1) 학용품 (2) 지우개, 볼펜, 자

3 (1) 절기 (2) 입춘, 춘분, 처서, 동지

4 떡

5 나무

1 '문학'은 '시, 소설, 수필, 희곡'을 포함하는 상의어이고, 나머지는 '문학'에 포함되는 단어로 하의어입니다.

> **문법 설명** 어떤 단어의 의미가 다른 단어의 의미를 포함할 때, 다른 단어를 포함하는 단어를 상의어라고 합니다.

2 '학용품'은 '지우개, 볼펜, 자'를 포함하는 상의어이고, 나머지는 '학용품'에 포함되는 단어로 하의어입니다.

3 '절기'는 '입춘, 춘분, 처서, 동지'를 포함하는 상의어이고, 나머지는 '절기'에 포함되는 단어로 하의어입니다.

4 상의어는 다른 단어를 포함하는 단어를 말합니다. '경단, 절편, 송편, 인절미'는 떡의 종류로 이들을 모두 포함하는 상의어는 '떡'입니다.

> **문법 설명** 어떤 단어의 의미가 다른 단어의 의미에 포함될 때, 다른 단어에 포함되는 단어를 하의어라고 합니다.

5 '참나무, 버드나무, 자작나무, 단풍나무'는 나무의 종류로 이들을 모두 포함하는 상의어는 '나무'입니다.

바른 문장 쓰기   31쪽

1 (1) 교통수단 (2) 해상 교통수단 (3) 항공 교통수단 (4) 기차 (5) 보트 (6) 여객기

2 **예** 미래에는 항공 교통수단으로 드론 택시가 등장할 것이다. 기존 버스나 택시 같은 육상 교통수단은 교통 체증이 자주 발생하지만, 드론 택시가 등장하면 이런 문제를 해결할 수 있을 것이다.

1 (1) 이 글은 교통수단의 다양한 종류를 설명하고 있습니다. 그렇기 때문에 (1)에 들어갈 상의어는 '교통수단'입니다.
(2) 유람선과 잠수함의 상의어로 '해상 교통수단'이 들어가야 합니다.
(3) 화물기, 제트기의 상의어인 '항공 교통수단'이 들어가야 합니다.
(4)는 육상 교통수단의 하의어로 '기차'가 들어가야 합니다.
(5)는 해상 교통수단의 하의어로 '보트'가 들어가야 합니다.
(6)은 항공 교통수단의 하의어로 '여객기'가 들어가야 합니다.

> **문법 설명** 어떤 단어를 무엇과 비교하느냐에 따라 상의어는 하의어가 되기도 하고, 하의어는 상의어가 되기도 합니다. 예를 들어 '동물'은 '생물'의 하의어입니다. 하지만 '사자'나 '호랑이'의 상의어가 됩니다.

2 이 글은 교통 박물관을 견학한 뒤 다양한 교통수단의 종류를 소개하는 글입니다. 미래에는 어떤 교통수단이 생길지 생각해 보고 상의어와 하의어 관계가 잘 드러나도록 정리해 봅니다.

2장 문장 성분과 호응 관계

06 문장의 주성분 알기 1

개념 확인　　　　　　35쪽

1 주어　　　2 X　　　3 O

문법 개념 익히기　　　36쪽

1 (1) 누나가, 예 누나가 밥을 먹는다.
　(2) 끝냈다, 예 나는 서둘러서 일을 끝냈다.

2 (1) 부슬비가, 예 부슬비가 그쳤다.
　(2) 내린다, 예 하늘에서 눈이 내린다.

3 민호는, 달렸다

4 꽃이, 날아다닌다

---

1 문장에서 '누가'에 해당하는 주어는 '누나가'이고, 주어의 움직임이나 상태를 나타내는 서술어는 '끝냈다'입니다.

> **문법 설명** 주어는 문장에서 동작이나 상태의 주체가 되는 부분으로, '이/가'가 붙어 '누가', '무엇이'의 형태로 나타납니다.

2 문장에서 '무엇이'에 해당하는 주어는 '부슬비가'이고, 주어의 움직임이나 상태를 나타내는 서술어는 '내린다'입니다.

> **문법 설명** 서술어는 주어의 상태나 성질, 움직임을 설명하는 부분입니다.

3 결승선을 통과한 주체와 엄마께 소식을 전해드리고 싶은 주체는 '민호'입니다. 두 번째 문장에서 집을 향한 민호의 움직임을 설명하기에 알맞은 서술어는 '달렸다'입니다.

4 첫 번째 문장에서 햇살 아래에서 활짝 핀 주체는 '꽃'입니다. 두 번째 문장에서 벌의 움직임을 설명하기에 알맞은 서술어는 '날아다닌다'입니다.

바른 문장 쓰기　　　37쪽

1 가장자리는

2 위조는 어렵다.

3 예 가짜 돈이 돌아다닌다면, 물건을 팔아서 돈을 버는 사람들은 손해를 입게 될 것이다. 그리고 내가 사용하는 돈이나 다른 사람에게 받은 돈이 가짜 돈일지도 모른다는 생각에, 돈을 믿지 않게 될 것이다.

---

1 오돌토돌한 톱니 모양으로 된 주체는 동전의 가장자리입니다. 따라서 '가장자리는'이 주어입니다.

> **문법 설명** 서술하는 대상이 문장에 나타나 있지 않고 생략되어 있다면 문맥을 고려해 주어를 찾아야 합니다. 간혹 두 문장이 이어질 때 앞뒤 문장의 주어가 같다면, 문장을 간결하기 위해 뒤 문장에서는 주어를 생략하기도 합니다.

2 이 문장의 주체로 '무엇이'에 해당하는 주어는 '위조가'입니다. 그리고 주어의 상태를 설명하는 서술어는 '어렵다'입니다.

3 이 글은 위조 화폐 방지 기술에 대해 알려주는 글입니다. 글의 내용을 바탕으로 가짜 돈이 사용되면 어떤 일이 발생할지 생각하여 정리해 봅니다.

07 문장의 주성분 알기 2

개념 확인   39쪽

1 서술어   2 ○

3 X   4 ○

문법 개념 익히기   40쪽

1 장난감을, 예 나는 장난감을 잃어버렸다.

2 피아노를, 예 언니는 피아노를 배웠다.

3 우산을, 예 삼촌은 고장 난 우산을 고쳤다.

4 (1) 회장이 (2) 예 나는 이제 회장이 아니다.

5 (1) 무지갯빛이 (2) 예 하늘이 무지갯빛이 되었다.

1 내 동생이 산 행동의 대상이 '장난감'이므로 이 문장에서 목적어는 '장난감을'입니다.

2 지수가 음악 대회에서 연주한 행동의 대상이 되는 것은 '피아노'이므로 이 문장에서 목적어는 '피아노를'입니다.

3 삼촌이 가방에서 꺼낸 행동의 대상이 되는 것은 '우산'이므로 이 문장에서 목적어는 '우산을'입니다.

> 문법 설명 문장에서 '누구를', '무엇을'에 해당하는 말로 서술어가 나타내는 동작이나 행위의 대상이 되는 문장 성분이 목적어입니다.

4 서술어 '되었다'의 의미를 보충해 주는 '회장이'가 보어입니다. '회장이' 대신 '선생님이', '부회장이', '가수가' 등이 쓰일 수 있고, 서술어 '아니다'를 사용하여 문장을 바꾸어 써도 됩니다.

5 서술어 '아니다'의 의미를 보충해 주는 보어는 '무지개빛이'입니다. '무지개빛이' 대신에 '땅이', '잿빛이' 등이 쓰일 수 있습니다.

> 문법 설명 보어는 '되다'와 '아니다'의 서술어 앞에서 뜻을 보충해 주는 말로, 주어의 상태나 성질을 구체화해 주는 문장 성분입니다.

바른 문장 쓰기   41쪽

1 피해를

2 결과적으로 지구 온난화는 이상 기후 현상을 유발하는 원인이 되었다.

3 예 우선 전기를 아껴 쓸 것이다. 그리고 쓰레기를 배출하지 않도록 노력해서 지구 온난화를 막는 사람이 되고 싶다.

1 이 글에서는 지구 온난화로 발생한 북극발 한파로 인해 세계 곳곳에서 막대한 피해를 보았다고 하였습니다. 따라서 북극발 한파가 세계 곳곳에 안긴 것이 무엇인지 알 수 있는 부분은 '피해'이므로 '피해를'이 목적어입니다.

> 문법 설명 목적어는 서술어의 의미를 전달하기 위해 목적어를 필요로 하는 서술어가 쓰인 문장에서 '을/를'이 붙은 형태로 나타납니다. '안기다'는 '손해나 책임을 안게 하다.'의 뜻으로, 안기는 대상에 해당하는 목적어를 필요로 하는 서술어입니다.

2 서술어 '되었다'의 의미를 보충해 주기 위해서는 지구 온난화가 이상 기후 현상을 유발하는 상태를 설명하는 보어 '원인이'가 필요합니다.

3 이 글은 지구 온난화로 인한 북극발 한파 피해의 심각성을 알리고 지구 온난화 억제를 위한 노력의 필요성을 강조하고 있는 기사문입니다. 지구 온난화를 막기 위해 자신이 어떤 일들을 할 수 있을지 생각해 봅니다.

08 문장의 부속 성분 알기

개념 확인   43쪽

1 ○   **2** ○

3 ○   **4** X

문법 개념 익히기   44쪽

1 (1) 새   (2) 옷

2 (1) 빠르게   (2) 달렸다

3 (1) 예쁜   (2) 꽃

4 하늘에서, 파란

5 열심히, 깜짝

1 이 문장에서 '옷'을 꾸며 주는 '새'가 관형어입니다.

> **문법 설명** 사람이나 사물의 이름 또는 수량이나 순서를 나타내는 말 앞에서 그 뜻을 꾸며 주는 부속 성분을 관형어라고 합니다.

2 이 문장에서 '달렸다'를 꾸며 주는 '빠르게'가 부사어입니다.

> **문법 설명** 움직임이나 상태, 성질을 나타내는 서술어를 꾸미거나 다른 부사어와 관형어, 문장 전체를 꾸미는 부속 성분을 부사어라고 합니다.

3 이 문장에서 '꽃'을 꾸며 주는 '예쁜'이 관형어입니다.

4 '갑자기 비가 쏟아졌다'에서 '어디에'에 해당하는 부분으로 부사어 '하늘에서'가 잘 어울립니다. 그리고 우산을 꾸며 주는 말로 관형어 '파란'이 어울립니다.

5 '공부하는'을 꾸며 주는 말로 '어떻게'에 해당하는 부분으로 부사어 '열심히'가 잘 어울립니다. 또한 '놀랐어요'를 꾸며 주는 말로 '얼마나'에 해당하는 부사어 '깜짝'이 잘 어울립니다.

바른 문장 쓰기   45쪽

1 뒷산에서, 잘못된, 금방

2 소문이 정말 무섭구나

3 ⑩ 정보가 많을수록 가짜 뉴스와 허위 정보가 많은데 모든 정보를 그대로 믿기보다는 비판적 사고로 정보를 대해야 한다. 그리고 사회 관계망 서비스에 정보를 올릴 때도 허위 정보인지 아닌지를 정확히 판단하여 공유해야 한다.

1 '뒷산에서'는 '발견한'을 꾸미는 부사어입니다. '잘못된'은 '정보'를 꾸미는 관형어입니다. '금방'은 '잦아들었다'를 꾸며 주는 부사어로 모두 부속 성분에 해당합니다.

> **문법 설명** 관형어는 문장에서 '어떤', '무엇의(누구의)'에 해당하는 말이고, 부사어는 '어떻게', '어디에', '언제', '얼마나'에 해당하는 말입니다.

2 서술어를 꾸며 주는 부사어를 넣어야 합니다. 그리고 이 책을 통해 소문이 무섭다는 것을 심각하게 느끼고 있기 때문에 '무섭구나'를 꾸며 주는 '정말'이 들어가야 합니다.

3 이 글은 『소문 바이러스』라는 책을 읽고 느낀 점을 쓴 독후감으로, 무분별하게 퍼지는 소문의 위험성과 사회 관계망 서비스를 바르게 사용해야 함을 전하고 있습니다. 자신이 생각하는 사회 관계망 서비스의 올바른 사용 방법을 간단하게 정리해 봅니다.

ⓞ⑨ 문장의 호응 알기 1

개념 확인   47쪽

1 호응   2 ○

문법 개념 익히기   48쪽

1 부르는 것이다, 부르기이다.

2 신었다

3 많고, 풍부하고

4 내리고

5 보고

1 문장의 주체 '나의 취미는'과 서술어 '부른다'가 호응하지 않아 어색한 문장입니다. 문장의 주체 '나의 취미는'과 어울릴 수 있도록 서술어를 '부르는 것이다', 또는 '부르기이다.'로 고치는 것이 알맞습니다.

2 문장의 목적어 '양말을'과 서술어 '입었다'가 호응하지 않아 어색한 문장입니다. '양말을'과 어울릴 수 있도록 서술어를 '신었다'로 고치는 것이 알맞습니다.

3 서술어 '좋습니다'는 주어 '맛'과 호응하지만 '영양'과는 호응하지 않습니다. '영양'은 '넉넉하고 많다.'라는 뜻을 지닌 서술어 '풍부하다'나 '많다'와 호응하는 것이 알맞습니다.

4 서술어 '불었다'는 주어 '바람이'와 호응하지만 '눈'과는 호응하지 않습니다. 눈은 바람처럼 부는 대상이 아니므로 '눈, 비, 이슬 등이 오다.'라는 뜻을 지닌 서술어 '내리다'와 호응하는 것이 알맞습니다.

5 서술어 '들었다'는 목적어 '라디오를'과는 호응하지만 '텔레비전을'과는 호응하지 않습니다. 텔레비전은 '눈으로 대상을 즐기거나 감상하다.'라는 뜻을 지닌 서술어 '보다'와 호응하는 것이 알맞습니다.

> 문법 설명 글을 쓸 때 주어는 서술어의 주체가 되고, 목적어는 서술어가 나타내는 대상이 됩니다. 그렇기 때문에 주어와 서술어, 목적어와 서술어는 호응이 되어야 합니다.

바른 문장 쓰기   49쪽

1 ⑴ 전시가   ⑵ 준비되어 있습니다

2 시식 코너에서 토하젓을 맛볼 수 있습니다.

3 예 '보령 머드 축제'는 매년 여름 충남 보령에서 열리는 대표적인 여름 축제입니다. 천연 머드를 활용해 '머드 씨름, 머드 슬라이드' 등 다양한 체험을 해 볼 수 있고 다채로운 공연과 특산물 체험 등이 마련되어 있습니다.

1 이 문장에서 동작의 주체는 '전시가'인데 서술어 '준비되어야 하는 것입니다'와는 호응하지 않아 어색합니다. 따라서 주어 '전시가'와 호응하도록 서술어를 '준비되어 있습니다'로 고쳐야 합니다.

2 '토하젓'은 음식으로 서술어 '맡을 수 있습니다'와는 호응하지 않아 어색합니다. 따라서 목적어 '토하젓을'에 '음식 맛을 알기 위해 시험 삼아 조금 먹다.'라는 뜻을 지닌 '맛보다'를 넣어 서술어와 호응이 이루어지도록 고칠 수 있습니다.

> 문법 설명 문장에서 어떤 말이 앞에 오면 그 말에 대응하는 말과 호응을 이루어야 합니다. 그렇지 않으면 어색한 문장이 되거나 글쓴이의 의도가 잘못 전달될 수 있습니다.

3 이 글은 '강진 청자 축제'를 안내하는 글입니다. 자신이 경험해 보았던 지역 문화 축제를 생각해 보고, 축제 시기나 특징, 행사 내용 등 친구들에게 소개할 내용을 간단하게 정리해 봅니다.

10 문장의 호응 알기 2

1 ○   **2** 때문이다, 같다

1 (1) 별로, 좋아한다
    (2) 나는 땀을 흘리며 운동하는 것을 별로 좋아하지
      않는다.

2 (1) 결코, 슬퍼하겠다
    (2) 결과가 좋지 않더라도 결코 슬퍼하지 않겠다.

3 이것은 내가 찾던 책이었다.

4 누나의 예쁜 장미꽃이 창가에 놓여 있다.

1 부사어 '별로'가 긍정적인 서술어 '좋아한다' 앞에 놓여 문장의 호응이 자연스럽지 못합니다. 따라서 '나는 땀을 흘리며 운동하는 것을 별로 좋아하지 않는다.'로 써야 문장의 호응이 알맞습니다.

2 부사어 '결코'가 긍정적인 서술어 '슬퍼하겠다' 앞에 놓여 문장의 호응이 자연스럽지 못합니다. 따라서 '결과가 좋지 않더라도 결코 슬퍼하지 않겠다.'로 써야 문장의 호응이 알맞습니다.

> **문법 설명** 부사어 '별로', '결코' 외에도 '절대로, 전혀' 등은 부정적인 서술어와 호응하는 부사어입니다.

3 '책이었다'는 과거의 시간을 나타내므로 관형어 '찾을' 과 호응되지 않습니다. 따라서 관형어 '찾을'을 '찾던'으로 바꾸어야 합니다.

4 꾸며 주는 말과 꾸밈을 받는 말의 거리가 멀면 의미가 모호해집니다. 따라서 조건에 맞게 관형어를 꾸밈을 받는 말 앞으로 옮기면 됩니다.

1 (1) 반드시, 절대로(결코 등)
    (2) 또한 그들을 함부로 대하는 행동을 절대로 해서는 안 된다.

2 우리는 반려동물과 행복할 것이다.

3 예 왜냐하면 모든 생명은 중요하고, 반려동물도 소중한 생명이기 때문이다.

1 이 문장에서는 부정의 뜻을 나타내는 서술어 '안 된다' 와 호응하기 위해서는 부사어 '어떠한 경우에라도 반드시'라는 뜻을 지닌 '절대로'로 바꾸는 것이 알맞습니다. 그리고 '결코'로 바꾸어 써도 호응이 됩니다.

> **문법 설명** 부사어 '절대로'는 부정의 서술어와 어울리는 반면, '반드시'는 '틀림없이, 꼭'이라는 뜻으로, 긍정의 뜻을 가진 서술어와 어울립니다.

2 '만약'과 어울리는 서술어는 '할 것이다'입니다. 그래서 '행복했다'를 '행복할 것이다'로 고쳐 쓰는 것이 알맞습니다.

> **문법 설명** '만약, 만일, 혹시' 등의 가정 표현을 나타내는 부사어는 '-할 것이다' 등의 서술어와 어울립니다.

3 이 글은 반려동물을 대할 때 존중하는 마음과 책임감이 필요함을 주장하는 글입니다. 존중과 책임감을 가지고 반려동물을 대해야 하는 이유를 생각해 봅시다.

3장 문장 표현 1

11 평서문, 의문문, 감탄문 알기

1 ○   **2** 의문문   **3** ○

1 의문문, ⑩ 오늘 점심 메뉴는 뭐야?

2 감탄문, ⑩ 학교 운동장이 정말 넓구나!

3 ⑩ 혜림이가 급식을 맛있게 먹었다.

4 ⑩ 학교 도서관이 바뀌었나요?

5 ⑩ 지난주부터 수영을 시작했구나!

1 말하는 사람이 듣는 사람에게 질문을 하여 대답을 요구하는 문장은 의문문입니다. 의문문의 문장 부호는 물음표(?)입니다.

> **문법 설명** 문장의 종결 표현은 문장을 끝맺는 말입니다. 종결 표현에 따라 평서문, 의문문, 감탄문, 명령문, 청유문으로 문장의 종류가 달라집니다.

2 말하는 사람이 자신의 느낌을 표현하는 문장은 감탄문입니다. 감탄문의 문장 부호는 느낌표(!)입니다.

> **문법 설명** 말하는 사람이 기쁨, 놀람, 슬픔 등의 느낌을 혼잣말처럼 표현하는 문장을 감탄문이라고 합니다. 문장 부호는 느낌표(!)를 씁니다.

3 평서문은 객관적으로 정보를 전달하는 문장입니다. '혜림이가 급식을 맛있게 먹었다.' 등으로 바꾸어 쓸 수 있습니다.

4 의문문은 물음표(?)를 사용해서 표현할 수 있으며, '학교 도서관이 바뀌었나요?' 등으로 바꾸어 쓸 수 있습니다.

5 감탄문은 느낌표(!)를 사용해서 표현할 수 있으며, '지난주부터 수영을 시작했구나!' 등으로 바꾸어 쓸 수 있습니다.

1 실제 눈앞에서 씨름을 하고 있는 것 같구나!

2 ⑩ 너는 김홍도의 다른 그림을 봤니?

3 김홍도의 「씨름」에는 다양한 사람들이 나와 큰 재미를 준다. 그리고 '조선 시대에도 씨름을 즐겼다는 것이 정말 놀랍구나!'라는 생각이 들었다. 우리가 타임머신을 만들 수 있을까? 타임머신이 있다면 김홍도가 그림을 그린 시간으로 가서 나도 씨름을 보고 싶다.

1 평서문인 ㉠을 감탄문으로 바꾸려면 문장을 끝맺는 말을 '-구나' 등으로 바꾸고, 마침표(.) 대신 느낌표(!)를 사용합니다.

> **문법 설명** 말하는 사람이 듣는 사람에게 특별한 요구 없이 정보를 객관적으로 전달하는 문장을 평서문이라고 합니다. 문장 부호는 마침표(.)를 씁니다.

2 ㉢은 질문에 대한 대답으로 김홍도의 다른 그림을 봤다고 말합니다. 이를 통해 ㉡에 들어갈 질문은 김홍도의 다른 그림을 봤냐는 내용으로 써야 합니다.

> **문법 설명** 말하는 사람이 듣는 사람에게 질문하여 대답을 요구하는 문장을 의문문이라고 합니다. 문장 부호는 물음표(?)를 씁니다.

3 김홍도의 「씨름」을 보면서 어떤 느낌이나 생각이 드는지 감탄문이나 의문문을 사용하여 간단히 씁니다.

12 명령문, 청유문 알기

1 명령문　　　　2 X

3 ○　　　　　　4 ○

문법 개념 익히기　　　　62쪽

1 청유문, 예 쓰레기를 같이 줍자.

2 명령문, 예 조용히 해라.

3 (1) 예 학교 끝나고 집에 도착하면 간식을 먹어라.
　(2) 예 학교 끝나고 집에 도착하면 간식을 먹자.

4 (1) 예 쉬는 시간에는 친구들과 신나게 뛰어놀아라.
　(2) 예 쉬는 시간에는 친구들과 신나게 뛰어놀자.

1 말하는 사람이 듣는 사람에게 어떤 행동을 함께 하자고 요청할 때는 청유문을 씁니다.

2 말하는 사람이 듣는 사람에게 어떤 행동을 요구할 때는 명령문을 씁니다.

3 종결 표현을 바꾸면 문장의 종류를 바꿀 수 있습니다. '먹는다'의 명령문은 '먹어라'가 되고, 청유문은 '먹자'가 됩니다.

> 문법 설명 평서문을 명령문으로 바꿀 때는 끝맺는 말을 '-아라/-어라' 등으로 바꾸고, 문장 부호는 마침표(.)를 사용합니다.

4 '뛰어논다'를 명령문으로 바꾸면 '뛰어놀아라'가 되고, 청유문으로 바꾸면 '뛰어놀자'가 됩니다.

> 문법 설명 청유문의 끝맺는 말은 '-자, -ㅂ시다' 등입니다.

바른 문장 쓰기　　　　63쪽

1 (1) 바른 자세를 유지하자.
　(2) 틈틈이 스트레칭을 하자.

2 예 거북목을 예방하자.

3 예 스마트폰이나 컴퓨터를 오래 사용하면 눈이 나빠질 수 있고, 게임에 중독되면 성적도 떨어질 수 있다. 그렇기 때문에 집에서 스마트폰이나 컴퓨터를 일정 시간만 사용할 수 있는 규칙을 만들어서 우리 함께 지켜보자.

1 (1), (2) ㉠과 ㉡은 말하는 사람이 듣는 사람에게 어떤 행동을 하도록 시키거나 요구하는 명령문입니다. 보기를 살펴보면, 친구 사이에는 명령문보다 청유문을 사용하는 것이 좋다고 나옵니다. 그러므로 ㉠은 '유지해라'가 아닌 '유지하자', ㉡은 '해라'가 아닌 '하자'로 바꾸어 쓸 수 있습니다.

> 문법 설명 청유문에는 요청하는 행동을 듣는 사람 혼자 하는 게 아니라 말하는 사람도 함께 한다는 의미가 담겨 있습니다. 이와 달리 명령문은 말하는 사람이 듣는 사람 혼자 하도록 시키는 내용입니다.

2 이 글은 거북목을 예방하는 방법을 알려 줍니다. 제목을 청유문으로 나타내면 '거북목을 예방하자.', '거북목을 예방하는 방법을 알아보자.' 등으로 나타낼 수 있습니다.

3 평소 스마트폰이나 컴퓨터를 오래 사용했을 때 문제점을 생각해 보고, 스마트폰이나 컴퓨터 사용 시간 정하기, 운동이나 독서와 같은 다른 취미 활동 찾아보기 등과 같은 예방하는 방법도 제시하여 씁니다.

13 상대 높임법 알기

1 X   **2** ○   **3** 높임

1 (1) 얘 (2) 먹어라

2 (1) 여러분 (2) 주십시오

3 (1) 동생 (2) 가

4 미세 먼지가 심하니 창문을 닫아. / 미세 먼지가 심하니 창문을 닫아라.

5 어제는 아파서 학교에 못 왔어요.

6 모두 자리에 앉으십시오.

1 이 문장은 '얘'에게 하는 말로 '먹어라'를 통해 낮춤을 표현합니다.

> **문법 설명** 말하는 사람이 듣는 사람에 따라 말을 높이거나 낮추는 것을 상대 높임법이라고 합니다.

2 이 문장은 '여러분'이라는 말에서 공식적인 자리임을 짐작할 수 있습니다. 그래서 '여러분'에게 하는 높임 표현으로 '주십시오'를 사용했습니다.

> **문법 설명** 듣는 사람이 말하는 사람보다 나이가 적거나 지위가 낮아도 공식적으로 말하는 상황에서는 격식체의 높임 표현을 사용합니다.

3 이 문장은 '동생'에게 하는 말로 '가'를 통해 낮춤을 표현합니다.

4 아들에게는 낮추어 표현하는 것이 적절하므로, '닫아라' 또는 '닫아' 등으로 쓰는 것이 알맞습니다.

5 비격식체를 사용하여 선생님께 높여서 표현하는 것으로, '왔어요'로 쓰는 것이 알맞습니다.

6 공식적인 상황에서는 격식체의 높임 표현을 사용하는 것이 적절하므로, '앉으십시오'로 쓰는 것이 알맞습니다.

1 (1) 예 지금부터 '교장 선생님과의 대화'를 시작하겠습니다.
   (2) 예 요즘 가장 재미있게 배우는 과목은 무엇입니까?

2 (1) 떨렸어요 (2) 떨렸어

3 예 저는 다양한 기구를 사용하고, 몸을 자유롭게 움직이는 체육 과목을 좋아합니다.

1 (1) ㉠은 말하는 사람이 반장이고 듣는 사람은 반 친구들입니다. 공식적으로 친구들에게 하는 말이기 때문에 높임 표현을 사용해야 합니다.
   (2) ㉡은 교장 선생님께서 '나'에게 물어보는 질문입니다. 듣는 사람이 말하는 사람보다 나이가 적거나 지위가 낮아도 공식적으로 말하는 상황에서는 높임 표현을 사용해야 합니다. 따라서 교장 선생님께서 '나'에게 높임 표현을 사용해서 말하는 것으로 바꾸면 됩니다.

> **문법 설명** 격식체와 비격식체는 상황에 따라 혼용됩니다. '교장 선생님과의 대화'는 공식적으로 말하는 상황이지만, 학생들에게 친근감을 표시하기 위해 교장 선생님은 '모두 즐거운 학교 생활을 하고 있나요?', '앞으로도 열심히 공부하세요.'와 같이 비격식체의 높임도 혼용하고 있습니다.

2 (1) 상대 높임 표현은 문장의 끝맺는 말인 서술어에서 그 정도를 조절할 수 있습니다. 따라서 상대 높임 표현이 쓰인 부분은 '떨렸어요'입니다.
   (2) 낮춤 표현도 문장의 끝맺는 말인 서술어에서 그 정도를 조절할 수 있습니다. 따라서 '떨렸어'라고 쓰는 것이 알맞습니다.

3 이 글은 '교장 선생님과의 대화' 시간에 있었던 일을 기록한 생활문입니다. 이 글을 읽고 '나'라면 교장 선생님께 뭐라고 대답했을지 높임 표현을 사용하여 표현해 봅니다.

14 주체 높임법, 객체 높임법 알기

개념 확인   69쪽

1 주체 높임법   2 X

문법 개념 익히기   70쪽

1 삼촌, 주체 높임법

2 할아버지, 주체 높임법

3 선생님, 객체 높임법

4 (1) 께서 (2) 가셨어요 (3) 크시구나

5 (1) 께 (2) 드려요 (3) 모시러

---

1 서술의 주체인 '삼촌'을 높이는 주체 높임법으로, 서술어에 '-시-'를 넣습니다.

2 서술의 주체인 '할아버지'를 높이는 주체 높임법으로, 주어에 '께서'를 붙이고 서술어에 '-시-'를 넣습니다.

> **문법 설명** 주체 높임법에서 서술의 주체를 직접 높이려면, 주어에 '께서'를 붙이고 서술어에 '-시-'를 넣습니다.

3 서술의 대상인 '선생님'을 높이는 객체 높임법으로, 부사어에 '께'를 붙여서 높임의 뜻을 나타냅니다.

> **문법 설명** 객체 높임법은 서술의 대상인 목적어나 부사어를 높이는 표현 방법입니다.

4 (1) 서술의 주체인 '할머니'를 높이는 방법으로 '할머니께서'라고 표현합니다.
(2) '가셨어요'를 사용하여 '할머니'를 높입니다.
(3) 서술의 주체인 '할머니'와 관계가 있는 대상인 '손'을 높이기 위해 '크시구나'라고 표현합니다.

5 (1) 서술의 대상인 '할아버지'를 높이는 방법으로 '께'를 붙여서 '할아버지께'라고 표현합니다.
(2) 높임의 뜻이 있는 단어인 '드리다'를 사용하여 '드려요'라고 쓰면 문장의 부사어인 '할아버지'를 높일 수 있습니다.
(3) 높임의 뜻이 있는 단어인 '모시다'를 사용하며 '모시러'라고 쓰면 문장의 숨겨진 목적어인 '할아버지'를 높일 수 있습니다.

바른 문장 쓰기   71쪽

1 예 연세에 비해 훨씬 건강하시단다.

2 께서, 치시는

3 예 아빠, 이번 주말에 할아버지께 배드민턴을 치자고 말씀드릴게요.

---

1 앞 문장을 통해 문장의 주체가 '할아버지'임을 알 수 있습니다. '할아버지'를 높이는 방법으로 서술어에 '-시-'를 넣어 '건강하시단다'라고 표현합니다.

2 문장의 주어인 '할아버지'를 높이려면, 주어에 '께서'를 붙여서 표현합니다. 그리고 서술어 '치다'를 높이기 위해 '-시-'를 넣어 '치시다'로 표현합니다.

3 이 글은 주말에 아빠와 공원에서 배드민턴 친 일을 기록한 생활문입니다. 높임 표현을 사용하면 글 속에 나타나는 인물들의 관계를 쉽게 알 수 있습니다. '나'와 '아빠', '할아버지'의 관계를 염두에 두고 높임 표현에 맞게 생각하며 씁니다.

15 시간 표현 알기

1 ○   2 X   3 X

1 오늘, 현재

2 어제, 과거

3 갔다

4 잔다

5 이루겠다, 이룰 것이다.

6 (1) ⓔ 나는 동생과 함께 축구를 했다.
  (2) ⓔ 도서관에서 책을 읽었다.

1 '오늘'과 '상쾌하다'는 현재를 나타냅니다.

2 '어제'와 '읽었다'는 과거를 나타냅니다.

> 문법 설명 사건이 일어난 때가 말하는 때보다 앞선 시간 표현은 과거, 사건이 일어난 때와 말하는 때가 같으면 현재, 사건이 일어난 때가 말하는 때보다 나중인 것은 미래입니다.

3 과거를 나타내는 말인 '지난주'가 있으므로 서술어는 '갔다'로 표현합니다.

4 현재를 나타내는 말인 '지금'이 있으므로 서술어는 '잔다'로 표현합니다.

5 미래를 나타내는 말인 '먼 훗날'이 있으므로 서술어는 '이루겠다'나 '이룰 것이다'로 표현합니다.

6 보기에서 지우개를 잃어버린 사건은 말하는 때보다 먼저 일어났으므로 보기는 과거를 나타내는 문장입니다. 따라서 '한다'와 '읽는다'를 과거를 나타내는 표현으로 바꾸면 됩니다.

1 (1) 옛날에는 사람이 자연 현상을 보며 날씨를 예측했다.
  (2) 오늘날, 우리는 더 정확하게 날씨를 예측한다.
  (3) 미래에는 날씨 예측 기술이 더욱 발전할 것이다.

2 (1) 생각했다 (2) 줄 것이다

3 ⓔ 날씨 예측 방법의 발달로 우리는 날씨를 미리 알고 대비할 수 있어 더욱 안전한 삶을 살아갈 것이다.

1 (1) ㉠의 '옛날'은 과거를 나타내는 말로, '예측할 것이다'가 아닌 '예측했다'로 써야 합니다.
  (2) ㉡의 '오늘날'은 현재를 나타내는 말이므로, '예측했다'가 아닌 '예측한다'로 써야 합니다.
  (3) ㉢의 '미래'는 미래를 나타내는 말이므로, '발전한다'가 아닌 '발전할 것이다'로 써야 합니다.

> 문법 설명 '어제', '옛날', '지난', '작년' 등은 과거를 나타내는 말입니다. 그리고 '지금', '현재', '오늘' 등은 현재를 나타내는 말입니다.

2 (1) ㉮는 옛날 사람들이 생각했던 것으로 과거를 나타내는 표현이 들어가야 합니다.
  (2) ㉯는 미래에 더 발전할 날씨 예측 기술에 관한 내용이므로, 미래를 나타내는 표현이 들어가는 것이 알맞습니다.

3 이 글은 날씨 예측 방법이 어떻게 발달되어 왔는지 설명하는 글입니다. 날씨 예측 방법이 지금보다 더 발전하게 되면 우리의 생활이 어떻게 바뀔지 생각하여 씁니다.

16 부정 표현 알기

1 안   2 ○   3 ○

1 못, 동생의 코 고는 소리에 나는 잠을 자지 못했다.

2 안, 정우는 단것을 싫어해서 사탕을 먹지 않았다.

3 못, 지연이는 팔이 아파서 강아지를 안지 못했다.

4 말라

5 안

---

1 외부의 요인(동생의 코 고는 소리)으로 인한 부정으로, '못' 부정문을 사용합니다. '잠을 못 잤다.'를 긴 부정문으로 바꾸면 '잠을 자지 못했다.'가 됩니다.

2 자신의 의지에 따라 먹기 싫어서 안 먹은 것이므로 '안' 부정문을 씁니다. '안 먹었다.'를 긴 부정문으로 바꾸면 '먹지 않았다.'가 됩니다.

3 강아지를 안고 싶었지만 다른 원인 즉, 팔이 아파서 강아지를 안지 못한 것이므로 '못' 부정문을 씁니다. '못 안았다.'를 긴 부정문으로 바꾸면 '안지 못했다.'가 됩니다.

> **문법설명** '안' 부정 표현은 어떤 상태를 단순히 부정하거나 문장 속 주어의 의지로 부정을 표현하는 것입니다. '못' 부정 표현은 문장 속 주어의 능력이 부족하거나 외부의 원인으로 부정을 표현한 것입니다.

4 아빠는 뛰어다니지 말라는 것을 경호에게 요구하는 것으로 명령문의 부정 표현인 '말다' 부정 표현을 사용하여 나타냅니다.

> **문법설명** 명령문과 청유문의 부정 표현은 '-지 말다'를 사용하여 표현합니다.

5 아빠의 말에 경호 스스로 뛰지 않겠다고 말합니다. 이 내용을 바탕으로 '안' 부정 표현을 사용해야 함을 알 수 있습니다.

1 (1) 않는다 (2) 못하면

2 그러므로 관광객들에게 관광세를 부과해서는 안 된다.

3 예 나는 관광세를 도입해야 한다고 생각한다. 관광세가 있어야 우리가 가는 관광지를 더 깨끗하게 유지할 수 있기 때문이다. 관광지가 더럽거나 시설이 낡으면 사람들은 그곳으로 가지 않을 것이다. 그렇기 때문에 관광세 도입은 꼭 필요하다.

---

1 (1) ㉠은 단순 부정의 뜻을 나타내는 것으로 '않는다'가 알맞습니다.
(2) ㉡은 문맥을 통해 관광지의 능력이 부족하거나 다른 외부 원인으로 예산을 확보하지 못한 것으로 '못하면'이 들어가야 합니다.

> **문법설명** 단순히 어떤 상태가 그렇지 않음을 나타낼 때는 '안' 부정문을 씁니다. 그리고 주어의 능력이 부족하거나 외부 원인으로 인한 부정은 '못' 부정 표현을 사용합니다.

2 관광세를 부과하면 안 된다는 것은 글을 쓴 사람의 의지로 부정하는 것이므로 '안' 부정 표현을 써야 합니다.

3 이 글은 관광세 도입을 찬성하고 있습니다. 관광세가 관광지에서 발생하는 문제를 해결할 수 있을지 또는 다른 부작용을 가져오지 않을지 생각하며 자신의 의견을 씁니다.

17 능동 표현, 피동 표현 알기

개념 확인   83쪽

1 능동   2 ○

문법 개념 익히기   84쪽

1 (1) 능 (2) 피 (3) 능

2 (1) 쏘이다 (2) 잡히다 (3) 쫓기다 (4) 물리다

3 예 꽃이 사람들에게 꺾였다.

4 예 아기가 엄마에게 안겼다.

5 예 내 발이 오빠에게 밟혔다.

---

1 (1), (3) '풀었다'와 '넣었다'를 통해 능동 표현임을 알 수 있습니다.
(2) '덮다'의 피동 표현인 '덮히다'를 사용했기에 피동 표현입니다.

2 (1) '쏘다'에 '-이-'를 붙인 '쏘이다'는 피동 표현입니다.
(2) '잡다'에 '-히-'를 붙인 '잡히다'는 피동 표현입니다.
(3) '쫓다'에 '-기-'를 붙인 '쫓기다'는 피동 표현입니다.
(4) '물다'에 '-리-'를 붙인 '물리다'는 피동 표현입니다.

3 주어진 문장을 피동 표현으로 바꾸려면 목적어 '꽃을'이 주어로, 주어 '사람들이'를 부사어로 바꾸고 '꺾었다'를 '꺾였다'로 바꾸어 씁니다.

4 목적어 '아기를'이 주어로 가고, 주어 '엄마가'를 부사어로 바꾸고 '안았다'를 '안겼다'로 바꾸어 씁니다.

5 목적어 '발을'이 주어로 가고, 주어 '오빠가'를 부사어로 바꾸고 '밟았다'를 '밟혔다'로 바꾸어 씁니다.

> **문법 설명** 능동 표현을 피동 표현으로 바꿀 때는 능동 표현의 주어를 피동 표현의 부사어로, 능동 표현의 목적어를 피동 표현의 주어로 바꾸고, 동사나 형용사에 '-이-', '-히-', '-리-', '-기-' 또는 '-아/-어지다', '-게 되다'를 붙입니다.

바른 문장 쓰기   85쪽

1 예 지역 사회의 눈에는 눈물이 맺히지만

2 예 더 많은 일자리를 만들고

3 예 지방이 소멸되면 그 지방에서 나는 특산물을 먹을 수 없게 되고 관광하는 것도 어려울 것이다. 우선 지방에도 사람이 가서 돈을 쓸 수 있게 특징을 살린 관광 상품을 개발해야 한다. 그러면 지방 경제가 활성화 되고 다른 도시와 함께 균형적으로 성장할 수 있을 것이다.

---

1 '맺혀지지만'은 '맺다'에 '-히-'를 붙여 만든 '맺히다'에 '-어지다'를 붙인 이중 피동 표현입니다. 따라서 '맺히지만'로 고쳐 써야 합니다.

> **문법 설명** '-이-', '-히-', '-리-', '-기-'를 붙여 만든 피동 표현에 '-아/-어지다'나 '-되다'를 붙인 표현은 잘못된 표현입니다. 두 가지 피동 표현을 모두 쓰면 문어법에 어긋나므로 사용하면 안 됩니다.

2 보기는 능동 표현을 설명하고 있으므로 ⓒ을 능동 표현으로 고치면 됩니다. 주어 '일자리가'가 목적어가 되고 '만들어지고'를 '만들고'로 바꾸면 능동 표현이 됩니다.

3 이 글에서는 지방 소멸 문제의 심각성을 밝힌 뒤 해결 방법을 제시하고 있습니다. 글에서 제시한 것 외에 지방이 소멸 문제를 해결할 수 있는 방법을 자유롭게 제시해 봅니다.

18 주동 표현, 사동 표현 알기

개념 확인   87쪽

1 주동   **2** X

문법 개념 익히기   88쪽

1 (1) 주   (2) 사   (3) 사

2 (1) 녹이다   (2) 깨우다   (3) 입히다

3 (1) 예 아빠가 동생에게 우유를 먹게 했다.
    (2) 예 심판이 선수를 경기에서 탈락시켰다.

1 (1) '그리다'는 주동 표현입니다.
    (2), (3) '멈추다'의 사동 표현인 '멈추게 하다', '날다'의 사
    동 표현인 '날리다'를 사용했기에 사동 표현임을 알 수
    있습니다.

2 (1) '녹다'에 '-이-'를 붙인 '녹이다'는 사동 표현입니다.
    (2) '깨다'에 '-우-'를 붙인 '깨우다'는 사동 표현입니다.
    (3) '입다'에 '-히-'를 붙인 '입히다'는 사동 표현입니다.

3 조건에 맞게 새로운 주어 '아빠가'를 넣고, 서술어에
    '-게 하다'를 붙여 문장을 만들면 사동 표현 문장이 됩
    니다.

4 조건에 따라 새로운 주어 '심판이'를 넣고 서술어에
    '-시키다'를 붙여 문장을 만들면 사동 표현 문장이 됩
    니다.

> **문법 설명** 주동 표현을 사동 표현으로 바꿀 때는 주동 표현의 주
> 어를 사동 표현의 목적어나 부사어로 바꾸고, 서술어에 '-이-',
> '-히-', '-리-', '-기-', '-우-', '-구-', '-추-' 또는 '-게 하다'를
> 붙입니다. 주동 표현을 사동 표현으로 바꿀 때는 사동을 일으키는
> 주체인 새로운 주어가 도입됩니다.

바른 문장 쓰기   89쪽

1 (1) 얼음이 녹는다   (2) 빨래가 마른다

2 예 차가운 컵에 물을 채운다.

3 예 유리창에 입김을 불면 김이 서리는 것을 볼 수
    있는데 이것은 응결의 예이다. 입에서 나온 입김
    이 차가운 유리 표면에서 식게 된다. 이런 이유로
    물이 되어 맺히는 것이다.

1 (1) '녹이다'는 '녹다'의 사동 표현입니다. '녹이다' 대신
    '녹다'를 사용하고, 목적어 '얼음을'을 주어로 바꾸면 됩
    니다.
    (2) '말리다'는 '마르다'의 사동 표현입니다. '말리다' 대
    신 '마르다'를 사용하고, 목적어 '빨래를'을 주어로 바꾸
    면 됩니다.

> **문법 설명** 주동 표현을 사동 표현으로 바꿀 때, 새로운 주어가
> 나옵니다. 따라서 사동 표현을 주동 표현으로 바꿀 때는 새롭게
> 나온 주어를 생략하고 서술어를 주동 표현으로 바꾸어 줍니다.

2 '차다'의 사동 표현은 '채우다'로, 문장의 서술어를 사동
    표현으로 바꾸어 봅니다. 그리고 문장 성분을 사동 표
    현에 맞게 바꾸면 됩니다.

3 증발, 응결, 응고에 대한 개념을 알고 주변에서 볼 수
    있는 현상을 생각해 봅니다. 액체가 기체로 변하는 증
    발의 사례로는 물이 끓을 때 수증기가 올라가는 것 등
    이 있고, 응결의 예는 샤워 후 거울에 김이 서리는 것
    등이 있습니다. 그리고 응고는 물이 얼음으로 되는 것
    을 생각해 볼 수 있습니다.

19 중복 표현 고쳐쓰기

개념 확인   91쪽

1 중복   2 X

문법 개념 익히기   92쪽

1 토요일, 날   2 미리, 예습

3 사람 없는, 무인도

4 예 우리 반 친구들의 과반수가 그 의견에 찬성했
   다. / 우리 반 친구들의 절반 이상이 그 의견에 찬
   성했다.

5 예 언니는 방학 동안 그 책을 읽었다. / 언니는 방
   학 기간 그 책을 읽었다.

6 예 땀을 흘리는 동생에게 찬물을 갖다주었다. / 땀
   을 흘리는 동생에게 냉수를 갖다주었다.

1 '토요일'의 '일'은 日(날 일)로 '날'이라는 뜻이 있습니다.
   따라서 '토요일'과 '날'은 중복된 표현입니다.

2 '예습'의 '예'는 豫(미리 예)로 '미리'라는 뜻이 있습니다.
   따라서 '미리'와 '예습'은 중복된 표현입니다.

3 '무인도'의 '무인'은 無(없을 무), 人(사람 인)으로 사람
   이 없다는 뜻이 있습니다. 따라서 '사람 없는'과 '무인'
   은 중복된 표현입니다.

> 문법 설명 중복 표현은 한 문장에서 비슷한 의미를 가진 단어
> 나 표현이 불필요하게 반복되는 것을 말합니다. 이러한 표현은
> 문법적으로 옳은 표현이 아닙니다. 따라서 말을 하거나 글을 쓸
> 때 중복 표현을 쓰지 않는 것이 중요합니다.

4 '과반수'는 '절반을 넘는 수'를 의미하므로 '이상'을 함께
   사용하면 의미가 중복됩니다.

5 '송금하다'는 '돈을 보내다.'는 뜻이기에 '돈을 송금하
   다.'는 중복 표현입니다.

6 '냉수'는 '차가운 물'을 의미하기에 '찬'을 덧붙일 필요가
   없습니다.

바른 문장 쓰기   93쪽

1 (1) 예 다시 올게요. / 또 올게요.
   (2) 준비되어 있습니다

2 한별, 예 나도 지난 여름 방학 동안 사촌들과 함께
   제주도에 갔다 왔어.

3 예 불국사는 멋진 돌탑과 오래된 나무들이 가득
   한 신비로운 곳이다. 넓은 절 마당을 둘러보고 예
   쁜 연못을 구경하니 마치 시간 여행을 하는 것 같
   았다.

1 '다시'와 '또'는 둘 다 '한 번 더'라는 의미를 가지고 있습
   니다. 따라서 두 단어를 함께 쓰면 같은 의미가 중복됩
   니다. 둘 중 하나만 사용해야 합니다.

2 한별이의 말 중 '기간 동안'에서 '기간'에는 '동안'의 뜻
   이 있으므로 함께 쓰면 중복 표현이 됩니다.

> 문법 설명 중복 표현을 피하려면 단어의 의미를 정확히 이해하
> 고 불필요한 단어가 있는지 살펴보아야 합니다. 또 비슷한 뜻을
> 가진 단어가 연달아 나오지 않도록 주의해야 하며, 문장을 다
> 쓰고 난 뒤에는 중복 표현이 있는지 꼭 점검해 보아야 합니다.

3 여행을 갔던 곳에서 보거나 들은 일 등을 떠올려 보고
   그곳의 특징을 간단히 정리합니다. 그리고 그 장소에
   대한 내 생각과 느낌을 구체적으로 씁니다.

20 중의적 표현 피하기

1 중의적   2 ○

1 (1) 예 형과 함께 동생을 속였다.
　 (2) 예 나는 형과 동생 모두를 속였다.

2 (1) 예 엄마는 먹는 밤을 좋아한다.
　 (2) 예 엄마는 캄캄한 밤을 좋아한다.

3 예 누나는 좋은 향이 나는 따뜻한 차를 가지고 왔다.

4 예 나는 영희와 함께 철수를 찾으러 다녔다.

5 예 엄마는 나에게 사과 1개, 귤 1개를 주셨다.

1 이 문장은 접속 범위에 따라 의미가 달라져 두 가지 이상의 의미로 해석될 수 있습니다.

2 동음이의어 '밤' 때문에 다양한 의미로 해석될 수 있습니다. 이때 '밤'의 의미를 풀어 쓰면 문장이 중의적으로 해석되지 않습니다.

> 문법설명 발음은 같지만 의미가 다른 동음이의어로 인해 한 문장이 두 가지 이상의 의미로 해석될 수 있습니다. 이처럼 하나의 문장이 두 가지 이상의 뜻으로 해석되는 것을 중의적 표현이라고 합니다.

3 동음이의어 '차' 때문에 다양한 의미로 해석될 수 있습니다. '차'의 의미를 풀어서 쓰면 중의적 표현을 피할 수 있습니다.

4 이 문장은 접속 범위에 따라 다양하게 해석될 수 있습니다. 의도에 맞게 문장을 풀어서 쓰면 중의적 표현을 피할 수 있습니다.

5 이 문장은 사과와 귤 각각 2개를 줬다와 사과 1개, 귤 1개를 줬다로 해석될 수 있습니다. 이럴 때는 문장을 풀어서 쓰면 중의적 표현을 피할 수 있습니다.

1 ②, 예 반소매 옷 한 벌과 긴소매 옷 한 벌을 주문했습니다.

2 예 사회 관계망 서비스의 올바른 이용법

3 예 나는 어린이의 사회 관계망 서비스 이용에 반대합니다. 어린이들이 사회 관계망 서비스를 사용하면 잘못된 정보나 유해한 콘텐츠에 노출될 수 있어 위험하기 때문입니다. 또한, 지나친 사용은 현실과 가상 세계를 구분하는 데 어려움을 겪을 수 있어 사회성과 정서 발달에 부정적인 영향을 미칠 수 있기 때문입니다.

1 이 문장에 쓰인 '와/과'는 '반소매 옷'과 '긴소매 옷'을 연결 또는 '반소매 옷'과 '긴소매 옷 두 벌'을 연결한 것으로 볼 수 있습니다. 그래서 옷을 합쳐서 두 벌인지, 각각 두 벌인지 등 중의적으로 해석할 수 있습니다. 이런 경우 문장을 자세히 풀어서 쓰면 중의적 표현을 피할 수 있습니다.

> 문법설명 중의적 표현은 정보의 정확성을 떨어뜨리고 오해를 유발하여 의사소통을 어렵게 합니다. 따라서 문장을 풀어서 쓰거나, 문장 성분 순서 바꾸는 것 등으로 중의적 표현을 피할 수 있습니다.

2 이 문장은 꾸며 주는 말의 범위에 따라 두 가지로 해석할 수 있습니다. 꾸밈을 받는 말 앞에 꾸며 주는 말을 넣어 중의적 표현을 피할 수 있습니다.

3 이 글을 읽고 어린이의 사회 관계망 서비스 사용에 관한 찬성과 반대 중 자신의 입장을 정해 봅니다. 그리고 어떤 근거로 그 입장을 뒷받침할 것인지 써 봅니다.

글 필사하기

예시 답안

01 어근, 접사 알기

● 어근에 접사가 붙어서 형성된 단어가 들어간 문장을 찾고, 그중 세 문장을 따라 써 보세요.

> 아침 일찍 일어나서 부모님과 등산을 갔다. 평소 학교 운동장에서만 뛰어놀았는데, 주말에 모처럼 산꼭대기에 올라 마을을 내려다볼 생각에 괜히 마음이 설레었다.
> 한 시간쯤 지났을 때 아빠께서 갑자기 신발을 벗더니 손에 들었다. 그리고 건강을 위해 맨발로 산에 오르자고 하셨다. 엄마와 나는 아빠의 말씀을 따르기로 했다. 아빠 말씀대로 신발을 벗고 발로 땅을 밟으니, 산의 기운이 내 몸속으로 들어오는 것 같아 건강해지는 기분이 들었다.
> 맨발로 한참을 걷다 보니 갑자기 발이 따가웠다. 밤나무 아래에 떨어진 밤송이를 밟았기 때문이었다. 주변을 둘러보니 햇밤은 없고 빈 밤송이만 있었다. 아빠는 등산 온 사람들이 햇밤을 가져간 것 같다고 말씀해 주셨다. 한겨울을 준비하려고 밤이나 도토리를 먹고 사는 동물들이 걱정되었다. 산에 와서 우리 몸이 건강해지는 것처럼 동물들의 건강을 위해 그들의 식량도 남겨 두어야 한다는 생각이 들었다.

예시 답안

건강을 위해 맨발로 산에 오르자고 하셨다. / 주변을 둘러보니 햇밤은 없고 빈 밤송이만 있었다. / 한겨울을 준비하려고 밤이나 도토리를 먹고 사는 동물들이 걱정되었다.

02 단일어, 복합어 알기

● 단일어와 복합어가 들어간 문장을 찾고, 그중 세 문장을 필사해 보세요.

> 밥주걱으로 돌솥밥을 푸고 나면 바닥에 눌러붙은 밥을 볼 수 있다. 이것이 누룽지이다. 밥그릇에 담겨진 누룽지는 고소한 맛과 바삭한 식감으로 예로부터 건강에 좋은 음식으로 알려져 있다. 누룽지의 어떤 점이 우리 몸에 좋을까?
> 누룽지는 밥보다 소화가 잘된다. 밥보다 단단한 누룽지를 입안에서 씹는 시간이 길어지면서 침샘에서 침이 많이 분비되어 소화에 도움이 된다. 따라서 누룽지에 있는 탄수화물, 단백질, 비타민 같은 영양소가 충분히 흡수되고 우리 몸에 필요한 에너지를 공급받을 수 있는 것이다.
> 또 누룽지는 다양한 방법으로 즐길 수 있다. 누룽지로 만든 탕은 속을 편안하게 해 주고, 누룽지로 만든 차는 우리 몸에 수분을 공급해 준다.
> 기름지고 자극적인 맛을 가진 음식들이 넘치는 현대 사회에서 누룽지는 현대인의 맛과 건강을 모두 잡을 수 있는 훌륭한 음식이다.

예시 답안

밥주걱으로 돌솥밥을 푸고 나면 바닥에 눌러붙은 밥을 볼 수 있다. / 밥그릇에 담겨진 누룽지는 고소한 맛과 바삭한 식감으로 예로부터 건강에 좋은 음식으로 알려져 있다. / 누룽지는 밥보다 소화가 잘된다.

03 합성어, 파생어 알기

● 합성어나 파생어가 들어간 문장을 찾고, 그중 세 문장을 필사해 보세요.

> 세균은 우리에게 다양한 방식으로 도움을 준다. 우리가 즐겨 먹는 요구르트나 김치에는 유산균이라는 세균이 풍부하게 들어 있으며, 이는 사람의 장 건강에 도움을 준다. 또한 뿌리혹박테리아라는 세균은 땅콩과 완두 같은 콩과 식물에 질소를 공급하여 성장을 돕는다. 이 세균은 뿌리털에 붙어 산다. 식물은 질소를 받는 대신 뿌리혹박테리아에게 영양분을 제공한다.
> 하지만 세균이 늘 우리에게 이로운 것은 아니다. 여름철에 음식 위에 덮개를 덮지 않아 음식이 외부 환경에 노출될 때가 있다. 이럴 때 장티푸스균이나 콜레라균 등이 번식해 식중독과 같은 질병을 일으킬 수 있다.
> 이처럼 세균은 작지만 우리 주변 어디에나 존재하며, 살림꾼처럼 우리 생활 속에서 다양한 역할을 한다.

예시 답안

이 세균은 뿌리털에 붙어 산다. / 여름철에 음식 위에 덮개를 덮지 않아 음식이 외부 환경에 노출될 때가 있다. / 살림꾼처럼 우리 생활 속에서 다양한 역할을 한다.

04 유의어, 반의어 알기

● 유의어나 반의어가 들어간 문장을 찾고, 그중 세 문장을 필사해 보세요.

> 최근 단조로운 급식 메뉴와 구기 종목 중심의 체육 활동으로 인해 학교생활에 대한 만족도가 점점 떨어지고 있습니다. 이에 교장 선생님께 몇 가지 건의를 드립니다.
> 먼저 급식 메뉴에 관한 건의입니다. 매주 수요일마다 같은 급식 메뉴가 제공되고 있는데, 학생들이 좋아하는 다른 급식 메뉴도 나오면 좋겠습니다.
> 다음은 E스포츠 활동을 체육 시간에 도입하는 것에 관한 건의입니다. E스포츠는 컴퓨터나 비디오 게임을 이용해 승부를 겨루는 스포츠입니다. E스포츠를 통해서 같은 팀끼리 서로 협력하고 협동하는 자세와 전략적 사고를 기를 수 있습니다. 그리고 체육 과목의 불만보다 만족이 커질 것입니다.

예시 답안

매주 수요일마다 같은 급식 메뉴가 제공되고 있는데, 학생들이 좋아하는 다른 급식 메뉴도 나오면 좋겠습니다. / E스포츠를 통해서 같은 팀끼리 서로 협력하고 협동하는 자세와 전략적 사고를 기를 수 있습니다. / 체육 과목의 불만보다 만족이 커질 것입니다.

05 상의어, 하의어 알기

● 상의어와 하의어가 들어간 문장을 찾고, 그중 세 문장을 필사해 보세요.

> 31쪽
>
> 지난 주말, 가족과 함께 교통 박물관에 갔다. 박물관 입구에 "교통수단은 사람이 이동하거나 화물을 운송하는 데 사용되는 모든 물리적 수단이다."라고 쓰여 있는 글귀를 읽으며 박물관으로 들어갔다.
> 먼저 육상 교통수단 전시관에서는 마차, 자동차, 기차 등을 볼 수 있었다. 특히 고종이 탔던 우리나라 최초의 자동차인 어차의 웅장함에 감탄했다. 해상 교통수단 전시관에는 보트, 유람선, 잠수함 등이 전시되어 있었다. 그중에서도 잠수함 모형은 선원들의 침실과 주방까지 재현해 흥미로웠다. 다음으로 간 항공 교통수단 전시관에서는 여객기, 화물기, 제트기 등을 볼 수 있었다. 특히 제트기 중에는 소리보다 빠른 속도를 내는 것도 있다는 점에서 기술의 경이로움을 느낄 수 있었다. 마지막으로 미래 교통수단 전시관에는 태양광 자동차 등 친환경 기술을 이용하는 다양한 교통수단이 전시되어 있었다. 환경을 위해서라도 미래에는 이러한 교통수단이 필수적인 선택이 될 것이라는 생각이 들었다.

예시 답안

✎ 먼저 육상 교통수단 전시관에서는 마차, 자동차, 기차 등을 볼 수 있었다. / 해상 교통수단 전시관에는 보트, 유람선, 잠수함 등이 전시되어 있었다. / 다음으로 간 항공 교통수단 전시관에서는 여객기, 화물기, 제트기 등을 볼 수 있었다.

2장 필사하기 ▷
06 문장의 주성분 알기 1

● 이 글에서 새롭게 알게 된 정보가 담긴 문장을 찾고, 그중 세 문장을 필사해 보세요

> 37쪽
>
> 우리가 사용하는 돈에 가짜 돈이 섞여 있다면 어떻게 될까? 아마 사회는 큰 혼란에 빠질 것이다. 이러한 혼란을 막기 위해 각 나라는 동전과 지폐에 위조 방지 기술을 도입하고 있다. 우리나라 역시 다양한 화폐 위조 방지 기술을 활용하고 있다.
> 먼저 동전의 위조 방지를 위해 동전의 가장자리가 오돌토돌한 톱니 모양으로 되어 있다. 우리나라 동전도 가장자리는 톱니 모양이다. 실제로 오십 원, 백 원, 오백 원 가장자리에는 각각 109개, 110개, 120개의 톱니가 있다.
> 또한 정밀하게 그려진 역사적 인물의 그림뿐만 아니라, 각도에 따라 색상이 달라 보이는 특수 잉크, 이미지가 변하는 홀로그램 등 첨단 위조 방지 기술이 적용되어 있다. 지폐는 면섬유로 제작되어 일반 종이에 비해 내구성이 뛰어나고 질감에서도 차이가 나는데, 이러한 기술들 덕분에 위조는 매우 어렵다.
> 화폐가 기본 거래 수단인 현대 사회에서 위조 방지 기술은 안전한 경제 활동을 위해 꼭 필요하다.

예시 답안

✎ 우리나라 역시 다양한 화폐 위조 방지 기술을 활용하고 있다. / 우리나라 동전도 가장자리는 톱니 모양이다. / 실제로 오십 원, 백 원, 오백 원 가장자리에는 각각 109개, 110개, 120개의 톱니가 있다.

07 문장의 주성분 알기 2

● 목적어나 보어가 쓰인 문장을 찾고, 그중 세 문장을 필사해 보세요.

> 41쪽
>
> 극심한 추위와 기록적인 폭설 등 세계 곳곳에 피해를 안긴 북극발 한파는 이상 기후 현상의 심각성을 여실히 드러냈다.
> 기상학자들은 이상 기후 현상을 지구 온난화와 연결하여 설명했다. 지구의 기후 시스템에 영향을 주는 기류 중 하나인 '극 소용돌이(polar vertex)'는 극지방이 일정한 기온 이하로 떨어지면 더 많은 찬 공기를 끌어들인다. 그래서 극지방 아래에 있는 나라의 겨울 기온이 지나치게 내려가는 것을 막아 준다. 하지만 극지방의 기온이 올라가면 '극 소용돌이'가 찬 공기를 끌어당기는 힘이 약해지고, 이로 인해 극지방 아래에 있는 나라들은 한파와 폭설을 겪게 된다. 결과적으로 지구 온난화는 이상 기후 현상을 유발하는 원인이 되었다.
> 따라서 북극 한파가 유발하는 피해를 막고 지구 기후 시스템의 안정성을 회복하기 위해서는 지구 온난화 억제를 위한 노력이 절실히 필요하다.

예시 답안

✎ 극심한 추위와 기록적인 폭설 등 세계 곳곳에 피해를 안긴 북극발 한파는 이상 기후 현상의 심각성을 여실히 드러냈다. / 기상학자들은 이상 기후 현상을 지구 온난화와 연결하여 설명했다. / 결과적으로 지구 온난화는 이상 기후 현상을 유발하는 원인이 되었다.

08 문장의 부속 성분 알기

● 관형어나 부사어가 쓰인 문장을 찾고, 그중 세 문장을 필사해 보세요.

> 45쪽
>
> 나는 『소문 바이러스』라는 제목을 보고 '어떤 소문에 관한 이야기일까?'라는 궁금증이 들어 책을 읽게 되었다.
> 이수네 모둠이 뒷산에서 발견한 들꽃을 먹으면서 이 책의 이야기가 시작된다. 이수네 모둠 친구들을 비롯해 선생님과 주변 사람들의 몸에 붉은 반점이 생기는 증세를 보였다. 이 일을 정은이가 블로그에 올리면서 소문은 걷잡을 수 없이 퍼져 나갔다. 뉴스는 연일 이 사건을 보도했고, 세나가 슈퍼 전파자다, 이수네 모둠 친구들이 감염자다 등 온갖 억측이 난무했다. 이후 뒷산에서 발견한 들꽃이 질병의 원인임이 밝혀졌고 소문은 잦아들었다.
> 나는 책을 읽는 내내 '소문이 정말 무섭구나.'라는 생각이 들었다. 그러면서 나 또한 사회 관계망 서비스를 사용하면서 타인에게 상처를 준 적은 없는지, 확인되지 않은 정보로 글을 쓰지는 않았는지 스스로 되돌아보게 되었다.

예시 답안

✎ 이수네 모둠이 뒷산에서 발견한 들꽃을 먹으면서 이 책의 이야기가 시작된다. / 이수네 모둠 친구들을 비롯해 선생님과 주변 사람들의 몸에 붉은 반점이 생기는 증세를 보였다. / 나는 책을 읽는 내내 '소문이 정말 무섭구나.'라는 생각이 들었다.

09 문장의 호응 알기 1

● 주어와 서술어, 목적어와 서술어가 호응이 되는 문장을 찾고, 그중 세 문장을 필사해 보세요.

> 강진은 우리나라 전통 청자의 약 80%를 만든 청자 예술의 성지입니다. 이곳에서 매년 열리는 '강진 청자 축제'는 단순히 도자기 관람을 넘어서, 천년의 역사를 간직한 고려청자의 예술혼을 기리고 그 우수성을 세계에 알리는 문화 예술 축제입니다. '강진 청자 축제'는 ○월 ○○일부터 ○월 ○○일까지 펼쳐집니다. 관람객들의 오감을 만족시킬 청자 물레 체험, 힐링 불멍 캠프, 야외 족욕 등 다채로운 체험 활동을 함께 즐길 수 있습니다. 그리고 청자에 관한 다양한 전시가 준비되어 있습니다. 청자 제작 과정을 담은 공연 또한 관람객들의 눈과 귀를 사로잡을 것입니다. 이 외에도 강진의 특산품인 민물새우로 만든 토하젓도 만날 수 있습니다. 시식 코너에서는 직접 토하젓을 맛볼 수 있습니다.
> 온 가족이 함께 방문하여 푸른빛으로 가득한 강진에서 다채로운 체험을 즐기고, 천년의 역사를 간직한 고려청자의 아름다움을 만끽하시기 바랍니다.

예시 답안

✎ 강진은 우리나라 전통 청자의 약 80%를 만든 청자 예술의 성지입니다. / 청자에 관한 다양한 전시가 준비되어 있습니다. / 시식 코너에서는 직접 토하젓을 맛볼 수 있습니다.

10 문장의 호응 알기 2

● 부사어와 서술어가 호응이 되는 문장을 찾고, 그중 세 문장을 필사해 보세요.

> 반려동물이 우리 삶에 중요한 존재로 자리 잡으면서, 반려동물을 기르는 사람들의 수가 꾸준히 증가하고 있다. 그렇다면 우리는 반려동물을 어떻게 대해야 할까?
> 반려동물은 단순한 동물이 아닌 하나의 생명체임을 인식해야 한다. 왜냐하면 반려동물은 우리의 감정을 느낄 수 있기 때문이다. 그래서 우리도 반려동물을 존중해야 한다. 또한 그들을 함부로 대하는 행동을 절대로 해서는 안 된다.
> 반려동물을 키우려면 큰 책임이 따른다는 것도 명심해야 한다. 기본적인 생활 습관부터 건강 관리, 사회화까지 다양한 부분에서 반려동물을 도와주어야 한다. 무엇보다 어려움이 생기더라도 포기하지 않고 끝까지 책임지는 태도가 필요하다.
> 반려동물은 우리에게 큰 행복을 주는 소중한 동반자다. 만약 존중과 책임감을 가지고 그들을 대한다면, 우리는 반려동물과 행복한 삶을 누릴 수 있을 것이다.

예시 답안

✎ 왜냐하면 반려동물은 우리의 감정을 느낄 수 있기 때문이다. / 그들을 함부로 대하는 행동을 절대로 해서는 안 된다. / 만약 존중과 책임감을 가지고 그들을 대한다면, 우리는 반려동물과 행복한 삶을 누릴 수 있을 것이다.

3장 (필사하기)

11 평서문, 의문문, 감탄문 알기

● 감탄문이나 의문문이 들어간 문장을 찾고, 그중 세 문장을 필사해 보세요.

> 준수: 우리 오늘 김홍도의 「씨름」을 보고 이야기해 보기로 했지? 그림은 본 느낌이 어땠어?
> 미애: 실제 눈앞에서 씨름을 하는 듯해! 그리고 주변 사람들도 내 곁에 있는 듯한 느낌을 받았어.
> 준수: 구경하는 사람들 표정을 봤니? 깜짝 놀란 얼굴도 있고, 입을 크게 벌린 사람도 있어. 또 어떤 사람은 벌써 승리를 예감한 듯 미소도 짓고 있어.
> 미애: 진짜 생동감이 넘쳐! 입고 있는 옷의 주름이나 땅바닥에 남은 발자국까지도 마치 한 장면을 그대로 멈춰 놓은 것 같아. 준수야, 너는 김홍도의 다른 그림도 봤니?
> 준수: 물론이지. 나는 김홍도가 그린 다른 그림들도 봤어. 김홍도의 그림은 조선 시대 사람들의 삶과 문화를 생생하게 표현했어. 정말 대단해.
> 미애: 맞아. 그의 뛰어난 관찰력과 묘사력에 박수를 쳐 주고 싶어.

예시 답안

✎ 우리 오늘 김홍도의 「씨름」을 보고 이야기해 보기로 했지? / 진짜 생동감이 넘쳐! / 준수야, 너는 김홍도의 다른 그림도 봤니?

12 명령문, 청유문 알기

● 명령문이나 청유문이 들어간 문장을 찾고, 그중 세 문장을 필사해 보세요.

> 고개를 앞으로 내민 채로 오랜 시간 스마트폰이나 컴퓨터를 사용하면 우리 목이 거북목처럼 변할 수 있어요. 그러면 목과 어깨가 아프고, 두통까지 생길 수 있지요. 하지만 걱정하지 마세요. 지금부터 거북목 예방법을 알려 줄게요.
> 첫째, 바른 자세를 유지해라.
> 의자에 앉을 때는 허리를 곧게 펴고, 어깨의 힘은 자연스럽게 빼 주세요. 그리고 스마트폰을 볼 때는 눈높이에 맞춰 들고 사용해요.
> 둘째, 틈틈이 스트레칭을 해라.
> 30분마다 목과 어깨를 가볍게 돌려 주세요. 머리를 천천히 좌우로 기울이고, 턱을 당겨서 목을 쭉 펴 주는 동작도 좋아요.
> 그리고 오랜 시간 앉아 있지 않는 것도 좋아요. 오래 앉아 있으면 몸이 뻐근해지면서 거북목이 될 수 있으니까요. 지금부터 바로 실천할 수 있겠죠? 거북목 없는 멋진 모습, 함께 만들어 봅시다.

예시 답안

✎ 바른 자세를 유지해라. / 틈틈이 스트레칭을 해라. / 거북목 없는 멋진 모습, 함께 만들어 봅시다.

13 상대 높임법 알기

● 상대 높임 표현을 사용한 문장을 찾고, 그중 세 문장을 필사해 보세요.

> 67쪽
>
> "지금부터 '교장 선생님과의 대화'를 시작하겠습니다."
> 반장의 말이 끝나고 교장 선생님께서 교실 문을 열고 들어오셨다.
> "만나서 반갑습니다. 모두 즐거운 학교생활을 하고 있나요?"
> 교장 선생님께서는 반 친구들에게 다양한 질문을 하셨다. 마지막으로 내 옆으로 오셔서 물으셨다.
> "요즘 가장 재미있게 배우는 과목은 무엇인가요?"
> "저는 다양한 글을 읽는 국어 시간이 가장 재미있습니다."
> "그렇군요. 앞으로도 열심히 공부하세요."
> 교장 선생님께서는 말씀을 마치고 교실을 나가셨다. 나는 선생님께 말했다.
> "교장 선생님 앞에서 말하려니 너무 떨렸어요."
> 선생님께서는 엄지손가락을 들어 보이며 웃으셨다.

예시 답안

"지금부터 '교장 선생님과의 대화'를 시작하겠습니다." /

"저는 다양한 글을 읽는 국어 시간이 가장 재미있습니다."

/ "교장 선생님 앞에서 말하려니 너무 떨렸어요."

14 주체 높임법, 객체 높임법 알기

● 주체 높임법이나 객체 높임법이 들어간 문장을 찾고, 그중 세 문장을 필사해 보세요.

> 71쪽
>
> 나와 아빠는 배드민턴 시합을 했다. 아빠는 내가 하는 공격을 모두 받아 냈고, 나는 몇 번이나 셔틀콕을 떨어뜨려 점수를 내지 못해 짜증이 났다.
> "조금만 더 연습해 보면 분명 너도 점수를 낼 수 있을 거야. 그리고 배드민턴이 주는 선물도 받고 말이야."
> "무슨 선물이요?"
> "배드민턴을 치면 얻게 되는 선물은 바로 건강이지. 할아버지께서 예전부터 배드민턴을 즐겨 치셨어. 그래서 연세에 비해 훨씬 건강하시단다."
> 아빠의 말씀을 듣고 시합을 이어 갔다. 결국 아빠를 상대로 점수를 낼 수 있었다. 그 순간 세상을 다 가진 듯이 무척 기뻤다. 또 몸에서 활기가 느껴졌다.
> "할아버지께서 배드민턴을 치시는 이유를 알 것 같아요."
> 나는 땀을 닦으며, 다음에도 아빠와 배드민턴을 쳐야겠다고 생각하였다.

예시 답안

할아버지께서 예전부터 배드민턴을 즐겨 치셨어. / 연세

에 비해 훨씬 건강하시단다. / "할아버지께서 배드민턴을

치시는 이유를 알 것 같아요."

15 시간 표현 알기

● 과거, 현재, 미래를 나타내는 시간 표현이 들어간 문장을 찾고, 그중 세 문장을 필사해 보세요.

> 75쪽
>
> 우리는 날씨를 어떻게 알 수 있을까?
> 옛날에는 사람들이 자연 현상을 보며 날씨를 예측했다. 바닷가 근처에서는 바람의 방향과 파도의 높이를 보고 폭풍이 올지 짐작하였고, 농촌에서는 개미가 집을 높이 쌓으면 비가 올 것이라고 여겼다. 또 저녁노을이 붉으면 다음 날 날씨가 좋을 것이라고 생각했다.
> 과학 기술이 발전한 오늘날, 우리는 더 정확하게 날씨를 예측한다. 인공위성을 이용해 구름의 움직임을 관찰하고, 슈퍼컴퓨터로 기온, 강수량, 바람 등의 데이터를 분석하여 앞으로의 날씨를 예측할 수 있게 된 것이다.
> 미래에는 날씨 예측 기술이 더욱 발전할 것이다. 인공 지능(AI)이 방대한 기상 정보를 분석해 더욱 정밀하게 날씨를 예측할 것이다. 또 작은 기상 센서가 공기 중의 변화를 실시간으로 측정하여 갑작스러운 태풍이나 홍수를 미리 알려 줄 것이다.

예시 답안

옛날에는 사람들이 자연 현상을 보며 날씨를 예측했다. /

과학 기술이 발전한 오늘날, 우리는 더 정확하게 날씨를 예

측한다. / 미래에는 날씨 예측 기술이 더욱 발전할 것이다.

4장 필사하기 ▷

16 부정 표현 알기

● 부정 표현을 사용한 문장을 찾고, 그중 세 문장을 필사해 보세요.

> 81쪽
>
> 최근 끊임없이 몰려드는 관광객들로 인해 자연환경과 시설이 파괴되는 관광지가 늘고 있다. 이 문제를 해결하기 위해 세계 각지에서는 물론 국내에서도 관광세를 도입하고 있어 주목된다. 관광세란 관광객에게 부과되는 세금이다. 그렇다면 왜 관광세를 도입하는 것일까?
> 관광지는 그냥 유지되지 않는다. 많은 관광객이 방문하면 도로나 화장실 같은 시설이 빨리 낡게 된다. 만약 관광지의 노력에도 불구하고 다른 원인으로 인해 충분한 예산을 확보하지 못하면 이러한 시설 관리에 어려움이 있으므로 관광세로 예산을 마련해야 한다. 관광세가 없다면 그 지역 주민들의 세금으로만 관광지를 유지해야 한다. 그러면 지역 주민의 부담은 커지고, 이들을 위해 써야 할 세금이 줄어들어 생활에 불편함을 겪을 것이다.
> 이제 관광세를 도입하지 않으면 관광지는 유지되기 어렵다. 오히려 관광세 덕분에 더욱 쾌적하고 안전한 여행을 할 수 있을 것이다. 관광객과 지역 주민 모두가 만족할 수 있도록, 관광세를 꼭 도입해야 한다.

예시 답안

관광지는 그냥 유지되지 않는다. / 만약 관광지의 노력

에도 불구하고 다른 원인으로 인해 충분한 예산을 확보하

지 못하면 이러한 시설 관리에 어려움이 있으므로 관광세

로 예산을 마련해야 한다. / 이제 관광세를 도입하지 않으

면 관광지는 유지되기 어렵다.

17 능동 표현, 피동 표현 알기

● 피동 표현을 사용한 문장을 찾고, 그중 세 문장을 필사해 보세요.

> 지방 소멸은 낮은 출생률과 고령화, 젊은 세대의 이탈 등으로 지역의 인구가 급격히 감소하면서 지역이 사라질 위기에 처하는 것이다. 우리나라의 많은 지역에서 지방 소멸 문제가 점점 심각해지고 있다.
> 이 문제가 발생하는 이유는 젊은 사람들이 일자리나 편리한 생활 등을 이유로 지방을 떠나기 때문이다. 젊은 사람들이 떠나는 모습을 보는 지역 사회의 눈에는 눈물이 맺히지만 딱히 해결할 방법이 없는 상황이다. 전문가들은 이 상태가 계속되면 앞으로 수십 개의 마을이 사라질 것이라고 말한다.
> 이 문제를 해결하기 위해서 지방에는 더 많은 일자리를 만들어져야 한다. 그리고 주거 환경도 개선되어야 한다.
> 지방 소멸은 지역 사회의 붕괴로 이어질 수 있는 심각한 문제이다. 우리 모두 이 문제에 관심을 가지고, 지방을 살리기 위한 방법을 찾기 위해 노력해야 한다.

예시 답안

젊은 사람들이 떠나는 모습을 보는 지역 사회의 눈에는 눈물이 맺히지만 딱히 해결할 방법이 없는 상황이다. / 문제를 해결하기 위해서 지방에는 더 많은 일자리를 만들어져야 한다. / 주거 환경도 개선되어야 한다.

18 주동 표현, 사동 표현 알기

● 사동 표현을 사용한 문장을 찾고, 그중 세 문장을 필사해 보세요.

> 우리 주변의 물질은 세 가지 상태로 존재한다. 물처럼 액체인 것, 얼음처럼 단단한 고체, 그리고 공기처럼 보이지 않는 기체도 있다. 그리고 세 가지 상태는 변할 수 있다.
> 햇빛이 얼음을 녹인다. 그러면 얼음은 물이 되는데, 고체에서 액체로 변하는 것을 '녹는다'고 한다. 액체에서 기체로 변하는 것은 '증발'이라 한다. 같은 원리로 햇볕이 빨래를 말린다. 뜨거운 태양 아래에서 물이 수증기로 변해 증발하면서 빨래가 마르는 것이다. 기체에서 다시 액체로 변하는 것은 '응결'이다. 차가운 컵에 물을 채운다. 그러면 컵 표면에 작은 물방울이 맺히는데, 공기 중의 수증기가 차가운 컵과 만나 물로 변한 것이다. 액체에서 고체로 변하는 것을 '응고'라고 한다. 겨울에 물웅덩이가 얼어 얼음이 되는 것이 바로 응고 현상이다.
> 이처럼 물질은 열을 주고받으면서 상태가 변한다. 고체, 액체, 기체는 상태 변화를 하며 우리 생활에 영향을 끼치고 있다.

예시 답안

햇빛이 얼음을 녹인다. / 같은 원리로 햇볕이 빨래를 말린다. / 차가운 컵에 물을 채운다.

19 중복 표현 고쳐쓰기

● 글쓴이의 생각이나 느낌이 들어간 문장을 찾고, 그중 세 문장을 필사해 보세요.

> 올해 여름 방학에 우리 가족은 제주도에 있는 삼촌 집을 방문했다. 오랜만에 가는 제주도라 설레는 마음이 가득했다. 제주도로 가는 비행기 창문 밖으로 넓은 바다를 볼 수 있었다. 우리 가족은 한 시간 정도 비행기를 타고 공항에 도착했고, 삼촌께서 우리를 반갑게 맞아 주셨다.
> 삼촌 집에 도착하자마자 우리는 짐을 풀었다. 그리고 감귤나무가 있는 마당에서 고기를 구워 먹으며 놀았다.
> 다음 날, 우리는 해변으로 갔다. 그곳에서 나는 동생과 함께 물놀이를 즐겼다. 이후 말도 타고 신비한 동굴도 가는 등 신나게 놀았다. 제주도에서 보낸 시간은 즐거웠다.
> 돌아오는 날 삼촌과 숙모에게 인사하며 아쉬운 마음으로 삼촌 집을 나섰다. 겨울 방학에도 꼭 다시 방문하고 싶다.

예시 답안

오랜만에 가는 제주도라 설레는 마음이 가득했다. / 제주도에서 보낸 시간은 즐거웠다. / 겨울 방학에도 꼭 다시 방문하고 싶다.

20 중의적 표현 피하기

● 찬성과 반대 중 자신의 생각과 같은 입장의 글에서 세 문장을 필사해 보세요.

> 사회자: 여러분, 안녕하세요? 지금부터 '어린이의 사회 관계망 서비스 이용'에 대한 찬반 토론을 진행하겠습니다.
> 반대: 저는 어린이의 사회 관계망 서비스 이용을 반대합니다. 사회 관계망 서비스에는 남을 속이는 나쁜 사람들이 많습니다. 저는 최근에 사회 관계망 서비스를 통해 저렴한 가격으로 예쁜 옷을 파는 사람을 알게 되었고, 반소매 옷 한 벌과 긴소매 옷 한 벌을 주문했습니다. 돈을 보냈지만 저는 옷을 받지 못했고, 그 사람은 연락이 되지 않습니다.
> 찬성: 저는 찬성합니다. 사회 관계망 서비스는 정보를 공유하고 친구들과 소통하는 좋은 도구입니다. 실제로 사회 관계망 서비스가 소통을 도와 정서적으로 도움을 준다는 연구 결과도 있습니다. 또한, 어린이들이 사회 관계망 서비스를 통해 다양한 정보를 접하면서 생각과 사고를 키울 수 있습니다. 무조건 금지보다는 사회 관계망 서비스를 올바르게 사용할 수 있는 교육이 필요하다고 생각합니다.

예시 답안

사회 관계망 서비스는 정보를 공유하고 친구들과 소통하는 좋은 도구입니다. / 실제로 사회 관계망 서비스가 소통을 도와 정서적으로 도움을 준다는 연구 결과도 있습니다. / 무조건 금지보다는 사회 관계망 서비스를 올바르게 사용할 수 있는 교육이 필요하다고 생각합니다.

메모